S. Schumann

Versicherungs-IT und Mikroversicherung:

Gestaltung von effizienten Versicherungs-IT-Strukturen in Südostasien

Diplomica® Verlag GmbH

Schumann, S.: Versicherungs-IT und Mikroversicherung: Gestaltung von effizienten Versicherungs-IT-Strukturen in Südostasien, Hamburg, Diplomica Verlag GmbH 2010

ISBN: 978-3-8366-9279-3
Druck: Diplomica® Verlag GmbH, Hamburg, 2010

Bibliografische Information der Deutschen Nationalbibliothek:
Die Deutsche Nationalbibliothek verzeichnet diese Publikation in der Deutschen Nationalbibliografie; detaillierte bibliografische Daten sind im Internet über http://dnb.d-nb.de abrufbar.

Die digitale Ausgabe (eBook-Ausgabe) dieses Titels trägt die ISBN 978-3-8366-4279-8 und kann über den Handel oder den Verlag bezogen werden.

Inhaltsverzeichnis

Abbildungsverzeichnis

Tabellenverzeichnis

Technik entwickelt sich immer vom Primitiven über das
Komplizierte zum Einfachen.

(Antoine de Saint-Exupéry, 1900-1944)

I. Einleitung

1.1.Einführung und Problemstellung

Das beständige wirtschaftliche Wachstum in den letzten Jahren kennzeichnet Südostasien als Wachstumsregion[1]. Für ausländische Unternehmen handelt es sich daher prinzipiell um einen interessanten Markt. Dies trifft auch auf international operierende Versicherungsunternehmen zu.

In Südostasien leben aktuell ca. 600 Millionen Menschen[2]. Im Vergleich zu Westeuropa und Nordamerika liegt allerdings eine sehr niedrige Versicherungsdichte vor[3]. Trotz der Folgen der Finanzkrise in den Jahren 2008-2009 und dem damit verbundenen geringerem Wachstum im Jahr 2009, handelt es sich hierbei um einen wachsenden Markt[4]. Für international operierende Versicherungsunternehmen gilt es daher auf diesem erfolgreich zu agieren.

---

1 Vgl. PIL [2008], S. 51ff. und vgl. Tabelle 2

2 Vgl. VORL [2009], S. X.

3 Vgl. SWISSRE [2009], S. 10 ff.

4 Vgl. SWISSRE [2009], S. 29.

Hierbei sind jedoch neben den religiösen Besonderheiten[5], auch die großen wirtschaftlichen Unterschiede innerhalb der Bevölkerung[6] zu berücksichtigen. Der daraus resultierende Teilmarkt der Mikroversicherung[7] übernimmt deshalb bei der Positionierung innerhalb des südostasiatischen Versicherungsmarktes eine wichtige Rolle.

Aus der Immaterialität der Versicherungsprodukte resultiert die herausragende Bedeutung der Informationstechnik für die Versicherungswirtschaft[8]. Die hierfür notwendigen infrastrukturellen Voraussetzungen sind in der Region Südostasien sehr unterschiedlich ausgeprägt. Zur Gewährleistung eines effizienten Betriebs einer Versicherungsinformatik[9] müssen also sowohl die regionalen Charakteristika als auch die spezifischen Anforderungen aus den Geschäftsprozessen, wie zum Beispiel bei Mikroversicherungen, berücksichtigt werden. Daraus kann eine Anpassung der bisher in Deutschland üblichen Verfahren und Lösungen der Versicherungs-IT[10] an die Region Südostasien resultieren.

1.2.Vorgehensweise

Ziel des Buches ist es, zu untersuchen, ob und in welcher Form sich die Anforderungen an eine Versicherungs-IT in Südostasien von denen in Deutschland unterscheiden. Zu diesem Zweck werden sowohl regionale als auch aus Geschäftsprozessen resultierende Spezifika berücksichtigt.

Im Rahmen dieser Untersuchung werden die aus regionalen Spezifika resultierenden Anforderungen der Versicherungs-IT, mit den in Deutschland üblicherweise eingesetzten Verfahren und Lösungen verglichen, und die unter Umständen not-

---

5 In diesem Zusammenhang sei auf die Besonderheiten bei islamkonformen Versicherungsprodukten hingewiesen. Vgl. RIC [2009], S. 37ff.

6 Vgl. PIL [2008], S. 46f.

7 Vgl. MRE [2006], S. 12.

8 Vgl. FARNY [2000], S. 171.

9 Dabei wird unter Versicherungsinformatik, die Gesamtheit aller Prozesse zur Erstellung, Bereitstellung und Abwicklung von IT-Dienstleistungen zur Unterstützung des Versicherungsgeschäftes verstanden. Vgl. KOCH [2006], S. 1ff.

10 Im Rahmen des vorliegenden Werkes werden die Begriffe Versicherungsinformatik und Versicherungs-IT synonym benutzt.

wendigen Anpassungen der herkömmlichen Lösungen dargestellt. Zusätzlich werden die sich aus den Geschäftsprozessen ergebenden Anforderungen überprüft, und es wird analysiert, ob diese durch die herkömmlichen Lösungen und Verfahren erfüllt werden können. Resultierend aus ihrer Bedeutung in Südostasien findet hierbei eine Fokussierung auf die Geschäftsprozesse der Mikroversicherung statt.

Im Anschluss an dieses einführende erste Kapitel wird im Kapitel 2 die Region Südostasien charakterisiert und eine Abgrenzung hinsichtlich der untersuchten Länder vorgenommen.

In Kapitel 3 werden potentielle Ursachen für eine an Südostasien angepasste Versicherungs-IT identifiziert. Darauf aufbauend werden zwei Thesen formuliert, welche in den Kapiteln 4 und 5 diskutiert werden.

In Kapitel 6 werden die Ergebnisse dieser beiden Kapitel auf unterschiedliche Szenarien angewendet. Dabei wird insbesondere zwischen dem klassischen Versicherungsmarkt und Mikroversicherungen sowie Ballungs- und ländlichen Gebieten unterschieden. In diesem Zusammenhang werden verschiedene grundsätzliche Lösungsansätze für eine Versicherungs-IT vorgestellt.

Im Anschluss an dieses Kapitel werden die Erkenntnisse der Überprüfung der beiden Thesen zusammengefasst und es wird eine abschliessende Bewertung hinsichtlich des Einsatzes von Versicherungs-IT in der Region Südostasien vorgenommen.

Der Mensch hat dreierlei Wege klug zu handeln: erstens durch nachdenken, das ist der edelste, zweitens durch nachahmen, das ist der leichteste, und drittens durch Erfahrung, das ist der bitterste.

(Konfuzius)

2. Südostasien - Überblick und Abgrenzung

2.1. Geographische Einordnung

Die Region Südostasien ist ein Teil des asiatischen Kontinents und wird im Norden durch Gebirgsketten sowie im Süden, Westen und Osten durch Meere begrenzt. Die Region kann in zwei geographische Teilregionen untergliedert werden. So befindet sich im Norden die Hinterindische Halbinsel und im Süden das Indonesische Archipel. Dieses besteht aus einer Vielzahl von Inseln, die aber nur zum geringen Teil nennenswert bewohnt sind.

Landwärts grenzt Südostasien an Indien und China, und wird von diesen durch Gebirge getrennt. Die seewärtigen Grenzen werden durch den Pazifik und den indischen Ozean gebildet[11].

---

11 Vgl. Abbildung 1, entnommen CIA [2009] und vgl. VORL[2009], S. 16.

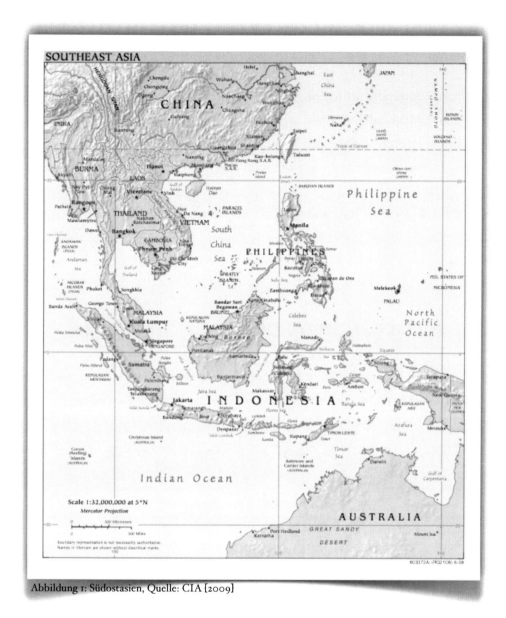

Abbildung 1: Südostasien, Quelle: CIA [2009]

Bedingt durch seine tektonische Besonderheit[12] ist Südostasien an drei Seiten seismischen Aktivitäten ausgesetzt. Diese bedingen einerseits die ausgeprägte bergige Topographie sowie die südliche Archipellandschaft, und führen andererseits immer wieder zu Naturkatastrophen[13].

---

12 Die Region Südostasien befindet sich auf einer Zunge der eurasischen Platte (Sunda-Schelf). Diese bewegt sich zwischen der Pazifischen und Indisch-Ozeanischen Platte in südlicher Richtung auf die Australische Platte zu. Vgl. VORL[2009], S. 17f.

13 Hierbei handelt es sich sowohl um Erd- als auch Seebeben. Hinzu kommen die ausgeprägten vulkanischen Aktivitäten im Indonesischen Archipel. vgl. VORL[2009], S. 20ff.

2.2.Kulturelle und Religiöse Zuordnung

Die Kultur Südostasiens ist in hohem Maß von indischen und chinesischen sowie in Teilen auch von japanischen Einflüssen geprägt. Im Verlauf der Geschichte kam es wiederholt zu Völkerwanderungen in diese Region[14]. Daraus ergab sich, die für diese Region typische Mischung von indischen und chinesischen Kulturanteilen. Dies äußert sich unter anderem in der starken Verbreitung der entsprechenden Religionen. So sind neben dem Buddhismus auch der Hinduismus und Konfuzianismus in der Region verbreitet[15]. In Verbindung mit dem im Süden der Region stark vertretenen Islam sowie der aus der Kolonialisierung folgenden Christianisierung[16] hat sich damit ein eigener Kulturerdteil herausgebildet[17].

2.3.Wirtschaft und Politik

In Südostasien leben heute ca. 600 Millionen Menschen. Nach aktuellem Verständnis sind in dieser Region die folgenden Nationalstaaten vertreten[18].

Land	Fläche in km²	Bevölkerung	Anteil Stadtbevölkerung in %
Brunei	5,770	388,200	75
Indonesien	1,919,440	244,271,522	52
Kambodscha	181,040	14,494,293	22
Laos	236,800	6,834,942	31
Malaysia	329,750	25,715,819	70
Myanmar	678,500	48,137,741	33

---

14 Vgl. VORL [2009], S. 2f. und vgl. PIL [2008], S. 16ff.

15 Vgl. VORL[2009], S. 11f. und PIL [2008], S. 28ff.

16 Vgl. PIL [2008], S. 37.

17 Häufig ist die Meinung zu finden, dass der Begriff Südostasien maßgeblich aus der im zweiten Weltkrieg verwendeten Bezeichnung des Einsatzgebietes der alliierten Armeen resultiert. In diesem Zusammenhang sei jedoch auf die Arbeit aus dem Jahr 1923 von Robert Heine-Geldern (1885-1968) verwiesen, in welcher dieser die erste wissenschaftliche Definition des Kulturraums Südostasien vornahm. vgl. VORL[2009], S. X

18 Vgl. CIA [2009]

Land	Fläche in km²	Bevölkerung	Anteil Stadtbevölkerung in %
Philippinen	30,000	97,976,603	65
Singapur	692.7	4,657,542	100
Thailand	514,000	65,905,410	33
Timor-Leste	15,007	1,131,612	27
Vietnam	329,560	86,967,524	28

Tabelle 1: Überblick über die Staaten in Südostasien, Quelle eigene Darstellung, Daten aus CIA [2009]

Aus politischer und wirtschaftlicher Sicht lassen sich diese Staaten in zwei grobe Gruppen einteilen. In der ersten befinden sich die frühen Mitglieder der ASEAN[19]. Diese umfassen Indonesien, Malaysia, Philippinen, Singapur und Thailand[20] und werden häufig auch als ASEAN5 bezeichnet. Politisch zeichnet diese Staaten eine langjährige Orientierung am westlichen Demokratie- und Wirtschaftsverständnis aus. Wirtschaftlich übernehmen diese Länder in der Region eine Führungsrolle[21].

Die zweite Gruppe umfasst maßgeblich die in der Vergangenheit am Ostblock[22] orientierten Staaten wie Vietnam, Laos und Kambodscha[23]. Diese leiteten nach dem Zusammenbruch der Sowjetunion Reformen ein und orientierten sich am westlichen Wirtschaftsverständnis. Obwohl diese Staaten inzwischen deutliche Fortschritte aufweisen können, bleiben sie doch gesamtwirtschaftlich hinter den ASEAN5 zurück. Dieser Sachverhalt ist in Tabelle 2 dargestellt[24].

---

19 Association of the Southeast Asian Nations, Vgl. PIL [2008], S. 53ff.

20 Hierbei handelt es sich um die 5 Gründungsmitglieder vgl. ASEAN [2009]. Basierend auf seiner Wirtschaftskraft wird Brunei (unabhängig seit 1984) dieser Gruppe zugerechnet.

21 Vgl. Tabelle 2, Quelle: eigene Darstellung, Daten: CIA [2009]

22 Hierbei handelt es sich um ein von den westlichen Staaten während des kalten Krieges (1945 - 1991) geprägten Begriff. Im Rahmen des Buches sollen darunter die in diesem Zeitraum von der Sowjetunion beeinflussten sozialistischen Staaten verstanden werden.

23 Obwohl sich Myanmar und Timor-Leste (erst seit 2002 unabhängig) nicht am Ostblock orientierten, werden diese auf Grund ihrer Wirtschaftskraft der zweiten Gruppe zugeordnet.

24 Die Mitglieder der ASEAN5 sowie Brunei sind farblich markiert.

Land	BIP pro Kopf in Kauf-kraftparität (in US Dollar)			BIP Wachstum in %			BIP pro Sektor in %		
	2006	2007	2008	2006	2007	2008	Land-wirt-schaft	In-dust-rie	Dienst-leis-tung
Brunei	54,400	53,700	53,100	5.1	0.6	0.4	0.7	75	25
Indone-sien	3,500	3,700	3,900	5.5	6.4	6.1	13.5	45.6	40.8
Kambo-dscha	1,800	1,900	2,000	10.8	10.2	6.8	29	30	41
Laos	1,900	2,000	2,100	8.3	7.5	7.5	39.2	34.3	26.6
Malaysia	14,200	14,800	15,300	5.8	6.3	5.1	9.7	44.6	45.7
Myan-mar	1,100	1,200	1,200	3.4	3.4	0.9	40.9	19.7	39.3
Philip-pinen	3,100	3,300	3,300	5.4	7.2	4.6	14.7	31.6	53.7
Singapur	48,200	51,200	52,000	8.2	7.7	1.2	0	33.2	66.8
Thai-land	7,900	8,200	8,500	5.2	4.9	3.6	11.4	44.5	44.1
Timor-Leste	2,100	2,400	2,400	-3.4	16.2	4.7	32.2	12.8	55
Vietnam	2,500	2,700	2,800	8.2	8.5	6.2	19	42.7	38.4

Tabelle 2: Überblick über das Bruttoinlandsprodukt, Quelle eigene Darstellung, Daten aus CIA [2009]

Die wirtschaftlichen Unterschiede in Südostasien sowie die gesamtwirtschaftliche Dominanz einzelner Staaten[25] wird auch durch den *Global Competitiveness Index*[26] verdeutlicht, welcher jährlich durch das *Word Economic Forum*[27] erhoben und im

25 Vgl. Abbildung 2

26 Der Global Competitiveness Index ist ein vom World Economic Forum gebildeter umfassender Index zur Messung der nationalen Wettbewerbsfähigkeit. Dieser erfasst die mikro- und makroöko-nomischen Grundlagen eines Staates, welche relevant für dessen Wettbewerbsfähigkeit sind. Dabei wird Wettbewerbsfähigkeit maßgeblich als das Maß der Produktivität eines Landes verstanden. Vgl. GCR [2008]

27 Vgl. WEF [2009]

Rahmen des *Global Competitiveness Report*[28] veröffentlicht wird. Die folgende Abbildung stellt den *Global Competitiveness Index* für die ASEAN Staaten dar.

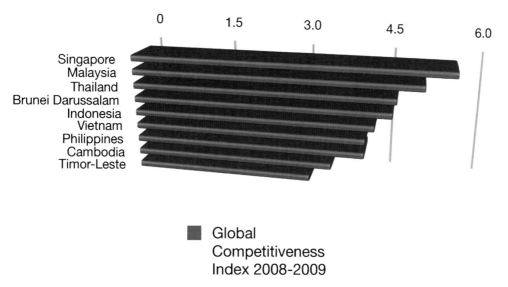

Abbildung 2: *Global Competitiveness Index* Südostasien, Eigene Darstellung, Quelle: GCR [2008]

Aus dieser Abbildung ist die klare Führungsrolle von Singapur innerhalb der Region zu entnehmen. Hinter Singapur folgen die Staaten Malaysia, Thailand und Brunei Darussalam. Mit weiterem Abstand sind Indonesien, Vietnam und die Philippinen als dritte Gruppe zu nennen. Die Länder Kambodscha und Timor-Leste sind deutlich abgeschlagen platziert.

Diese Abbildung verdeutlicht die wirtschaftliche Führungsrolle der ASEAN5 in dieser Region. Resultierend aus dieser gesamtwirtschaftlichen Dominanz der ASEAN5[29] innerhalb von Südostasien wird das vorliegende Buch auf diese Staaten fokussiert.

---

28 Vgl. GCR [2008], Daten für Laos und Myanmar liegen im Report nicht vor

29 Vgl. VORL [2009], S. 10f.

Wissen, dass man nichts weiß, das ist das Allerhöchste.

(Lao Tse)

3

3. Besonderheiten in Südostasien

Ziel des vorliegenden Buches ist es, zu untersuchen, ob beim Einsatz von Versicherungs-IT in Südostasien an diese andere Anforderungen gestellt werden, als beim Einsatz in Deutschland. Des weiteren ist zu analysieren, ob und in welcher Form diese Anforderungen mit den in Deutschland eingesetzten Verfahren und Lösungen erfüllt werden können. Im Ergebnis geht es hierbei um die Identifikation von gegebenenfalls existierenden neuen Problemen beim Einsatz und Betrieb von IT im Kontext eines Versicherungsunternehmens.

Spezielle Anforderungen an eine Versicherungs-IT in Südostasien, welche sich von den in Deutschland üblichen unterscheiden, können prinzipiell aus den beiden folgenden Ursachen resultieren.

I. Spezifika der Region Südostasien, welche in dieser Form in Deutschland nicht vorliegen.

II. Aspekte in den Geschäftsprozessen, die in Südostasien für den wirtschaftlichen Erfolg eines Versicherungsunternehmens notwendig sind und in dieser Art in Deutschland nicht etabliert sind.

Diese beiden Ursachen werden im Folgenden weiter betrachtet. Im Anschluss werden zwei Thesen hinsichtlich der Auswirkungen der Ursachen auf die Versicherungs-IT formuliert. Diese werden im weiteren Verlauf des Buches überprüft und hinsichtlich ihrer Korrektheit analysiert.

3.1. Regionale Besonderheiten

Im Rahmen des vorliegenden Werkes sollen unter anderem die für den Betrieb einer Versicherungs-IT relevanten Merkmale der Region Südostasien untersucht werden. In diesem Zusammenhang werden unter regionalen Spezifika neben technischen Aspekten, auch kulturelle und sprachliche Facetten, sowie die Verfügbarkeit von ausgebildeten Personal verstanden. Hierfür werden einzelne Länder aus der Gruppe der ASEAN5 untersucht, mit der Situation in Deutschland verglichen und die Auswirkungen auf die Versicherungs-IT analysiert.

Im Vordergrund der Analyse stehen dabei die technischen Aspekte. Diese umfassen unter anderem die Verfügbarkeit und Qualität der Stromversorgung, der Telefonnetze, der inländischen und ausländischen Netzwerkinfrastrukturen sowie die generelle zeitnahe Verfügbarkeit von aktueller IT-Technologie.

Bei der weiteren Betrachtung dieser Thematik wird von folgender These ausgegangen.

These I: **Die Spezifika der Region Südostasien erzwingen einen angepassten Betrieb der Versicherungs-IT sowie einen daraus resultierenden Einsatz angepasster Lösungen und Verfahrensweisen.**

Besondere Berücksichtigung findet hierbei die Differenzierung der jeweiligen Situation innerhalb der Ballungs- und der ländlichen Gebiete. In Abhängigkeit des betrachteten Landes ist der Anteil der in den Ballungsgebieten lebenden Menschen unterschiedlich groß[30].

---

30 Vgl. Tabelle 1

3.2. Spezifika der Geschäftsprozesse

Versicherungsunternehmen passen ihre Produkte den Märkten an, auf denen sie aktiv sind. Dabei werden auch die jeweiligen regionalen Charakteristika berücksichtigt. In dieser prinzipiellen Betrachtung unterscheidet sich die Region Südostasien nicht von anderen Regionen.

Allerdings sind hier zwei Teilmärkte hervorzuheben, die in dieser Form in Deutschland so ausgeprägt noch nicht vorliegen. Hierbei handelt es sich einerseits um islamische Versicherungsprodukte[31] und andererseits um Mikroversicherungsprodukte[32].

Für beide Teilmärkte sind angepasste Geschäftsprozesse notwendig[33]. Im Rahmen des vorliegenden Buches erfolgt eine Fokussierung auf die aus den Geschäftsprozessen der Mikroversicherung resultierenden spezifischen Anforderungen an eine Versicherungs-IT.

Diese spezifischen Anforderungen umfassen unter anderem die Kundenschnittstelle[34], die Datenanalyse[35] sowie die Verarbeitung der versicherungstechnischen Transaktionen[36]. Für die weitere Betrachtung der Thematik wird die folgende These aufgestellt.

These II: **Aus den Spezifika der Geschäftsprozesse der Mikroversicherung resultieren besondere Anforderungen an den Betrieb einer Versicherungs-IT und erfordern daran angepasste Lösungen sowie Verfahren.**

---

31 Vgl. RIC [2009], S. 37ff.

32 Vgl. MRE [2006], S. 12.

33 Vgl. MRE [2006], S. 590 ff.

34 Dies umfasst unter anderem Produktinformation, Kundenidentifizierung, Datenerhebung sowie In- und Exkasso. Vgl. TFM [2008], S.6.

35 Dies umfasst unter anderem Produkt- und Portfolioanalyse, Rückvsersicherungskalkulation, Datenverdichtung sowie Ermittlung der Mikroversicherungsindikatoren. Vgl. TFM [2008], S. 6.

36 Dies umfasst unter anderem Porfoliomanagement, Bestandsverwaltung, Schadens- und Leistungsbearbeitung sowie Reporting. Vgl. TFM [2008], S.6.

4

4. Analyse und Vergleich der Infrastruktur

Ziel dieses Kapitels ist es, die infrastrukturellen Voraussetzungen Südostasiens mit denen Deutschlands zu vergleichen und die Auswirkungen auf den Betrieb einer Versicherungsinformatik zu analysieren. Im Zentrum steht dabei die Überprüfung der im vorigen Kapitel definierten These I.

Der länderübergreifende Vergleich und die Analyse der Daten wird maßgeblich auf der Basis des *Global Competitiveness Report* 2008-2009 sowie des *Global Information Technology Report* 2008-2009 durchgeführt. Beide Reports werden jährlich vom *World Economic Forum* erstellt und enthalten übergreifende Indizes, welche die jeweiligen nationalen Daten verdichten und auf diese Weise einen Vergleich ermöglichen[37]. Beide Reports werden im folgenden im Detail betrachtet und im Fokus der Überprüfung von These I analysiert.

---

37 Vgl. GCR [2008], S. 69ff. und GITR [2009], S. 6ff.

4.1.Analyse des Global Competitiveness Index

Der *Global Competitiveness Index* eines Landes setzt sich aus zwölf Säulen zusammen. Jede Säule bildet dabei einen fundamentalen Teilindex ab. Jeder Teilindex wird aus spezifischen Subindizes ermittelt[38], die gegebenenfalls weitere Indizes repräsentieren. Die zwölf Säulen werden im folgenden als Überblick dargestellt[39].

I. Institutions	IV. Health and primary education	VII. Labor market efficiency	X. Market size
II. Infrastructure	V. Higher education and training	VIII. Financial market sophistication	XI. Business sophistication
III. Macro-economic stability			XII. Innovation
	VI. Goods market efficiency	IX. Technological readiness	

Tabelle 3: Überblick über die 12 Säulen des *Global Competitiveness Index*, Quelle eigene Darstellung, Daten aus GCR [2008]

Aus Sicht eines Versicherungsunternehmens enthalten alle Säulen relevante Informationen für die Bewertung und den Vergleich einzelner Länder. Zur Analyse und Überprüfung der These I können die relevanten Säulen allerdings eingeschränkt werden.

Die Säulen *"Infrastructure"*, *"Higher education and training"*, *"Technological readiness"* sowie *"Innovation"* enthalten die für den Fokus dieses Buches interessanten Informationen und sollen deshalb im folgenden näher betrachtet werden. Für eine detaillierte Betrachtung aller in die Säulen integrierten Subindizes sei auf den *Global Competitiveness Report 2008-2009* verwiesen[40].

---

38 Vgl. GCR [2008], S. 39ff.

39 Die Bezeichnung der Säulen sind aus dem Originaldokument entnommen und wurden nicht übersetzt.

40 Vgl. GCR [2008], S. 39f.

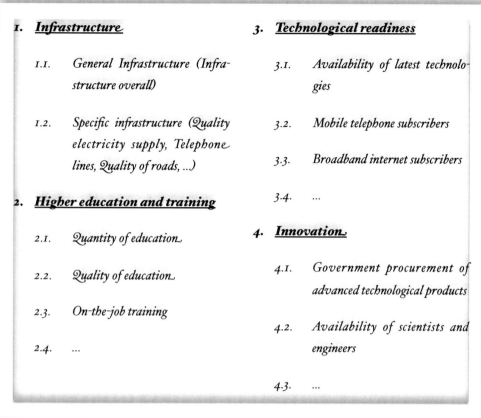

<table>
<thead>
<tr><th>1. Infrastructure</th><th>3. Technological readiness</th></tr>
</thead>
</table>

1. **_Infrastructure_**

    1.1.   *General Infrastructure (Infrastructure overall)*

    1.2.   *Specific infrastructure (Quality electricity supply, Telephone lines, Quality of roads, ...)*

2. **_Higher education and training_**

    2.1.   *Quantity of education*

    2.2.   *Quality of education*

    2.3.   *On-the-job training*

    2.4.   *...*

3. **_Technological readiness_**

    3.1.   *Availability of latest technologies*

    3.2.   *Mobile telephone subscribers*

    3.3.   *Broadband internet subscribers*

    3.4.   *...*

4. **_Innovation_**

    4.1.   *Government procurement of advanced technological products*

    4.2.   *Availability of scientists and engineers*

    4.3.   *...*

Tabelle 4: Darstellung der für das Buch relevanten Säulen des *Global Competitiveness Index*, Quelle eigene Darstellung, Daten aus GCR [2008]

Basierend auf diesen vier Säulen kann ein abstrakter Vergleich der ASEAN5 mit Deutschland durchgeführt werden. Dabei wird mit dem Vergleich des *Global Competitiveness Index* sowie dem Vergleich der oben genannten vier Säulen begonnen.

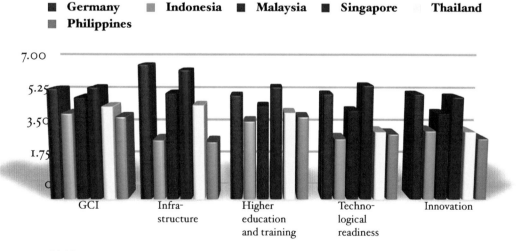

Abbildung 3: Vergleich Deutschland und die ASEAN5 bzgl. dem *Global Competitiveness Index* (GCI) sowie den relevanten Säulen, Quelle: Eigene Darstellung, Daten: GCR [2008]

15

Diese Abbildung zeigt teilweise deutliche Unterschiede zwischen Deutschland und den ASEAN5 auf. Dabei stellt lediglich Singapur eine Ausnahme dar. Allerdings handelt es sich hier um einen Vergleich auf der höchsten Abstraktionsebene des "*Global Competitiveness Reports*". Zur weiteren Analyse dieses Ergebnisses werden im folgenden die vier Säulen noch einmal im Detail verglichen. Dabei stehen die für den Betrieb einer IT-Infrastruktur[41] relevanten Subindizes im Fokus. Eine Bewertung der Detailergebnisse erfolgt nach Abschluss der Einzelvergleiche.

Begonnen wird mit der Säule "*Infrastructure*". Diese Säule beschreibt die Infrastruktur eines Landes und umfasst unter anderem die Aspekte Stromversorgung, Telefonnetze und Transportverbindungen[42].

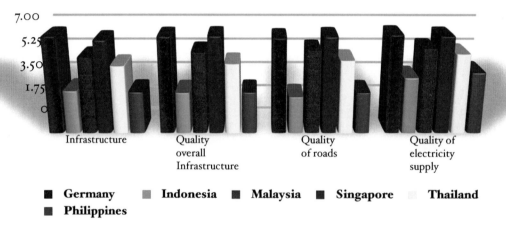

Abbildung 4: Vergleich Deutschland und die ASEAN5 bzgl. der Säule "*Infrastructure*", Quelle: Eigene Darstellung, Daten: GCR [2008]

Als nächstes wird die Säule "*Higher education and training*" detaillierter dargestellt. Im Rahmen dieser Säule werden die auf der Basis Schulbildung aufbauenden, sekundären und tertiären Bildungswege bewertet. Diese Bewertung erlaubt Aussagen über die prinzipielle Verfügbarkeit sowie die Qualifikation von Fachkräften innerhalb eines Landes[43].

---

41 Im Rahmen des vorliegenden Werkes soll der Begriff der IT-Infrastruktur Hardware (IT-Systeme), Software (Anwendungen, Betriebssysteme), Daten (in elektronischer Form) und Netzwerke (je nach Größe auch IT-Standorte) umfassen.

42 Vgl. GCR [2008], S. 4.

43 Vgl. GCR [2008], S. 5.

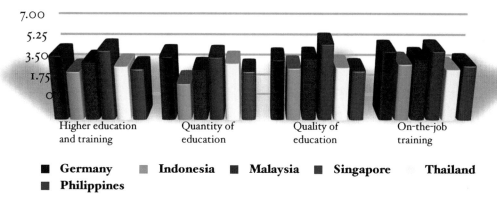

Abbildung 5: Vergleich Deutschland und die ASEAN5 bzgl. der Säule "*Higher education and training*",
Quelle: Eigene Darstellung, Daten: GCR [2008]

Daran anschließend wird die Säule "*Technological readiness*" im Detail vorgestellt.
Hierbei werden ausschließlich die darin enthaltenen qualitativen Indizes verglichen.
Aufgabe dieser Säule ist es darzustellen, wie schnell innerhalb einer Volkswirtschaft
neue Technologien adaptiert werden. Diese Adaption hat eine direkte Auswirkung
auf die Entwicklung der Produktivität der betreffenden Volkswirtschaft[44].

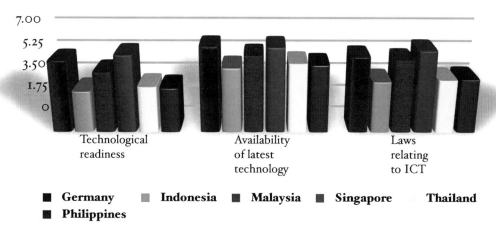

Abbildung 6: Vergleich Deutschland und die ASEAN5 bzgl. der Säule "*Technological readiness*", Quelle:
Eigene Darstellung, Daten: GCR [2008]

Anschließend wird die Säule "*Innovation*", mit ihren für das vorliegende Buch relevanten Subindizes, vorgestellt. Im Rahmen dieser Säule wird die Innovationsfähig-
keit einer Volkswirtschaft bewertet. Dabei wird unterschieden zwischen Forschung
und Entwicklung im Land sowie der Adaption von ausländischer Technologie. Auch

---

44 Vgl. GCR [2008], S. 5.

diese Säule erlaubt Aussagen über die Verfügbarkeit von Fachkräften im Land[45]. Im Unterschied zur Säule *"Higher education and training"* werden hierbei aber vorrangig Wissenschaftler und Ingenieure betrachtet.

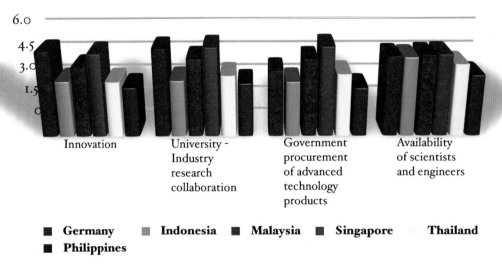

Abbildung 7: Vergleich Deutschland und die ASEAN5 bzgl. der Säule *"Innovation"*, Quelle: Eigene Darstellung, Daten: GCR [2008]

Die Detailvergleiche bestätigen mit einer Ausnahme, das bereits durch den ersten abstrakten Vergleich gewonnene Ergebnis. Mit Ausnahme Singapurs bestehen klare Unterschiede in den infrastrukturellen Voraussetzungen zwischen Deutschland und den ASEAN5. Lediglich bei der Verfügbarkeit von Wissenschaftlern und Ingenieuren kann, mit der Ausnahme der Philippinen, von einer nahezu vergleichbaren Ausgangsbasis ausgegangen werden.

Zusätzlich ist ein weiteres Muster erkennbar. Während Singapur und Deutschland über alle dargestellten Vergleiche hinweg ein nahezu gleichwertiges Niveau aufzeigen, folgen mit teilweise geringerem Abstand Malaysia und Thailand. Dabei wird diese Reihenfolge für alle Vergleiche beibehalten. Mit größerem Abstand folgen dann Indonesien und die Philippinen. Wobei die Niveauunterschiede zwischen diesen beiden Ländern gering ausfallen. Basierend auf diesem Muster kann von einer Dreiteilung der ASEN5 hinsichtlich der Voraussetzungen für den Betrieb einer IT-Infrastruktur ausgegangen werden.

---

45 Vgl. GCR [2008], S. 6.

Allerdings weisen die bisher verwendeten Kennzahlen einen hohen Abstraktionsgrad auf und sind nicht auf die Informationstechnik fokussiert. Aus diesem Grund wird im weiteren Verlauf zusätzlich zum *Global Competitiveness Index* auch der *Network Readiness Index* analysiert.

4.2. Analyse des Network Readiness Index

Der *"Global Information Technology Report"* wird seit 2001 durch das *World Economic Forum* erstellt[46]. Ziel dieses Reports ist es, die Stärken und Schwächen der IT-Infrastruktur[47] der Teilnehmerstaaten zu ermitteln und auf der Basis von Kennzahlen vergleichbar zu gestalten. Dabei werden die einzelnen Kennzahlen des Reports in dem übergreifenden *Network Readiness Index* zusammengefasst.

Dieser Index beschreibt, in welcher Form die Möglichkeiten einer IT-Infrastruktur eines Landes genutzt werden, um dessen Wettbewerbsfähigkeit zu steigern. In diesem Zusammenhang werden sowohl die Entwicklung der IT-Infrastruktur als auch ihre Stärken und Schwächen im nationalen und im internationalen Maßstab betrachtet[48].

Der *Network Readiness Index* geht von drei prinzipiellen Gruppen von Akteuren innerhalb der IT-Infrastruktur eines Landes aus. Hierbei handelt es sich um Individuen, Unternehmen und Behörden. Diese drei Gruppen agieren sowohl in einem makroökonomischem als auch in einem reguliertem Umfeld (Subindex *Environment*)[49]. Dieser Zusammenhang wird in der folgenden Abbildung verdeutlicht.

---

46 Der Report 2008-2009 erfasst 134 Staaten.

47 Innerhalb des *"Global Information Technology Report"* wird der Begriff "Information and Communication Technologies" (ICT) verwendet. Dieser wird im Rahmen des vorliegenden Buches mit dem Begriff IT-Infrastruktur übersetzt.

48 Vgl. GITR [2009], S. 4ff.

49 Der in der Abbildung 8 verwendete Begriff *Component Index* wird in dem vorliegenden Werk als Subindex bezeichnet.

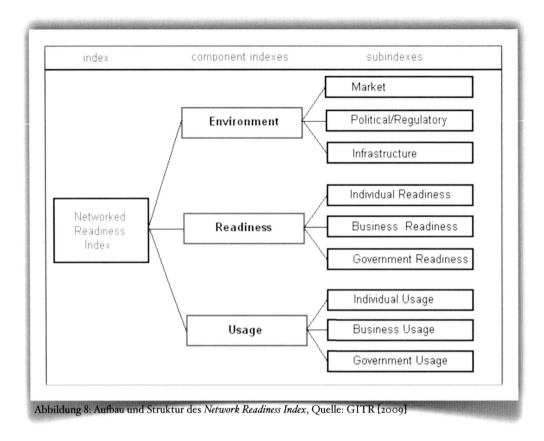

Abbildung 8: Aufbau und Struktur des *Network Readiness Index*, Quelle: GITR [2009]

Der Grad der Nutzung der IT-Infrastruktur (Subindex *Usage*) und damit der Wirkungsgrad dieser ist dabei in direkter Art und Weise mit der vorhandenen Bereitschaft und Fähigkeit (Subindex *Readiness*) verbunden, die Möglichkeiten der IT-Infrastruktur anzuwenden[50].

Die folgende Abbildung zeigt den Vergleich zwischen Deutschland und den ASEAN5[51] hinsichtlich des *Network Readiness Index* sowie den drei Subindizes.

---

50 Vgl. GITR [2009], S.5f.

51 Aus Gründen der besseren Übersichtlichkeit wird bei den folgenden Abbildungen auf die Philippinen verzichtet. Diese reduzierte Gruppe der ASEAN5 wird im folgenden ASEAN5- bezeichnet.

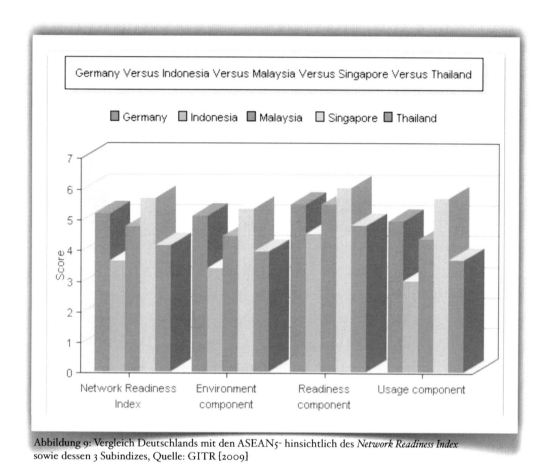

Abbildung 9: Vergleich Deutschlands mit den ASEAN5- hinsichtlich des *Network Readiness Index* sowie dessen 3 Subindizes, Quelle: GITR [2009]

Dieser erste auf dem *Global Information Technology Report* basierende Vergleich bestätigt maßgeblich die bereits aus dem *Global Competitiveness Report* gewonnenen Erkenntnisse. Jedoch zeigt sich, dass bei einem Fokus auf die IT-Infrastruktur Singapur sowohl beim *Network Readiness Index* als auch bei den 3 Subindizes jeweils deutlich besser als Deutschland abschneidet. Ein weiterer interessanter Fakt ist die gute Positionierung von Malaysia beim Subindex *Readiness*. Die hierbei gewonnenen Erkenntnisse sollen im folgenden auf der Basis von detaillierteren Kennzahlen weiter untersucht werden.

Im Rahmen des Buches sind dabei insbesondere Subindizes *Readiness* und *Usage* von besonderem Interesse. Zusätzlich wird die im Subindex *Environment* platzierte Dimension[52] *Infrastructure* betrachtet. Die Auswahl der entsprechenden Subindizes sowie spezieller Dimensionen basiert auf dadurch repräsentierten infrastrukturellen Grundlagen für den Betrieb einer Versicherungs-IT.

---

52 Der in der Abbildung 8 verwendete Begriff Subindex wird in dem vorliegenden Buch als Dimension bezeichnet.

Untersuchung des Subindex Environment

Die Entwicklung der IT-Infrastruktur eines Landes geschieht nicht im Vakuum, sondern wird durch das Markt-, das regulative- sowie das generelle infrastrukturelle Umfeld beeinflusst. In diesem Zusammenhang beschreibt der *Environment* Subindex, in welcher Form das in einem Land vorherrschende Umfeld, die Entwicklung einer IT-Infrastruktur hemmt oder fördert[53]. Aus den hierfür betrachteten 30 Variablen werden für den Fokus des Buches diejenigen ausgewählt, welche die im betrachteten Land vorliegende generelle Infrastruktur repräsentieren. Hierbei handelt es sich um die folgenden Variablen.

1. *Main telephone lines per 100 population*	4. *Availability of scientists and engineers*
	5. *Quality of scientific research institutions*
2. *Secure Internet Servers per million population*	6. *Tertiary education enrollment*
3. *Electricity production (kWh) per capita*	7. *Education expenditure*

Tabelle 5: Darstellung der für das Buch relevanten Variablen des Subindex *Environment*, Quelle eigene Darstellung, Daten aus GITR [2009]

Diese Variablen beschreiben, in welcher Art und Weise die nationale Infrastruktur die Entwicklung und Verbreitung der IT-Infrastruktur begünstigt. Dabei werden sowohl quantitative[54] als auch qualitative[55] Daten erhoben. Die Beschränkung auf diese Daten innerhalb des Subindex *Environment* resultiert aus dem Fokus des vorliegenden Buches.

Hierbei geht es um die Ausgangsstellung, dass ein international operierendes Versicherungsunternehmen im südostasiatischen Raum aktiv werden möchte und sich dabei mit den vorliegenden Rahmenbedingungen für den Betrieb einer Versicherungs-IT, auseinandersetzen muss.

---

53 Vgl. GITR [2009], S. 6f.

54 Beispielsweise die Anzahl der Telefonleitungen oder die Stromerzeugung.

55 Hierzu gehört unter anderem die Verfügbarkeit von Wissenschaftlern und Ingenieuren.

Die folgende Abbildung repräsentiert den Vergleich Deutschlands mit der ASE-AN5- bezüglich des Subindex *Environment* sowie der Dimension *Infrastructure* innerhalb des Subindex.

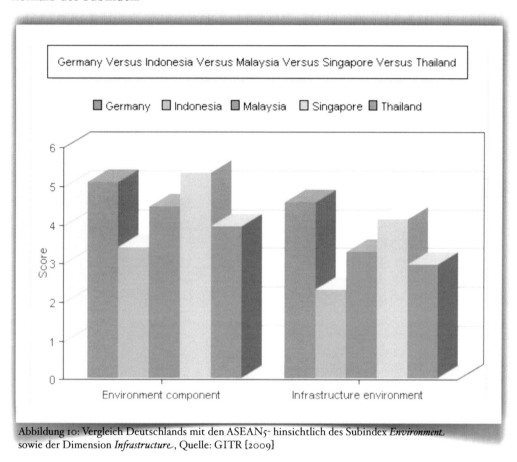

Abbildung 10: Vergleich Deutschlands mit den ASEAN5- hinsichtlich des Subindex *Environment* sowie der Dimension *Infrastructure*, Quelle: GITR [2009]

Dieser Vergleich zeigt, dass hinsichtlich der generellen Infrastruktur deutliche Unterschiede zwischen Deutschland und den ASEAN5- bestehen. Die im Unterschied zur Dimension *Infrastructure* bessere Positionierung der ASEAN5- im Subindex *Environment* resultiert aus den Stärken der ASEAN5- in der Dimension *Market Environment*.

Untersuchung des Subindex Readiness

Der Subindex *Readiness* beschreibt, in welcher Form die drei Hauptakteure[56] eines Landes gewillt und befähigt sind, die IT-Infrastruktur im Rahmen ihrer täglichen

---

56 Hierbei handelt es sich um Individuen, Unternehmen und Behörden.

Aktivitäten zu nutzen[57]. In diesem Zusammenhang werden durch den Subindex, auf der Basis von 23 Variablen, Elemente der individuellen ebenso wie Elemente der unternehmerischen Nutzung repräsentiert. Dazu gehören auch die notwendigen Fachkenntnisse zur Nutzung und die Erschwinglichkeit der IT-Infrastruktur. Zusätzlich wird erfasst, welche Priorität die IT-Infrastruktur in der politischen Agenda genießt. Diese drei Dimensionen sowie einige der darin enthalten Variablen werden im folgenden kurz dargestellt[58].

1. Business readiness

1.1. Business telephone connection charge

1.2. Business monthly telephone subscription

1.3. Local supplier quality

1.4. Computer, communications and other services import

1.5. ...

2. Individual readiness

2.1. Cost of mobile telephone call

2.2. High speed monthly broadband subscription

2.3. Residential monthly telephone subscription

2.4. Residential telephone connection charge

2.5. Quality of math and science education

2.6. Quality of the educational system

2.7. ...

3. Government readiness

3.1. Government prioritization of ICT

3.2. Government procurement of advanced technology products

3.3. Importance of ICT to government vision of the future

3.4. E-Government readiness index

3.5. ...

Tabelle 6: Darstellung der für das Buch relevanten Variablen und Dimensionen des Subindex *Readiness*, Quelle eigene Darstellung, Daten aus GITR [2009]

---

57 Vgl. GITR [2009], S. 7

58 Vgl. GITR [2009], S. 347ff.

Diese Variablen repräsentieren dabei sowohl qualitative als auch quantitative Daten. Die folgende Abbildung zeigt den Vergleich zwischen Deutschland und den ASEAN5- bezüglich des Subindex *Readiness*, basierend auf den drei Dimensionen *Business Readiness*, *Individual Readiness* und *Government Readiness*.

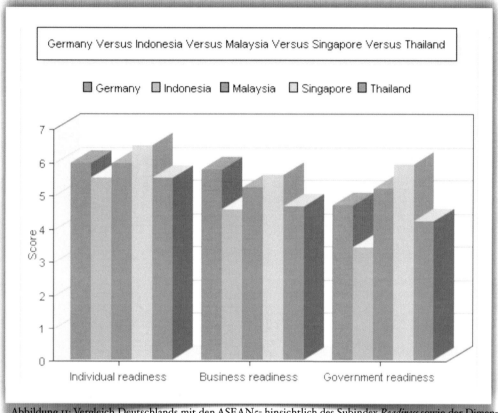

Abbildung 11: Vergleich Deutschlands mit den ASEAN5- hinsichtlich des Subindex *Readiness* sowie der Dimensionen *Individual Readiness*, *Business Readiness*, *Government Readiness*, Quelle: GITR [2009]

Dieser Vergleich zeigt, dass Deutschland hinsichtlich der Dimension *Government Readiness* nicht nur hinter Singapur sondern auch hinter Malaysia liegt. Zusätzlich ist zu erkennen, dass der Abstand zu Thailand nur gering ist. Daraus lässt sich ableiten, dass in einigen Ländern der ASEAN5 die IT-Infrastruktur in der politischen Agenda eine höhere Priorität als in Deutschland genießt.

Die Dimension *Individual Readiness* zeigt Malaysia auf gleicher Höhe mit Deutschland und Indonesien und Thailand nur mit geringem Abstand. Dies zeigt, dass hinsichtlich der Nutzung der IT-Infrastruktur durch die Bürger des Landes, welches die potentiellen Kunden eines Versicherungsunternehmens sind, kaum Unterschiede zu Deutschland existieren.

Lediglich in der Dimension *Business Readiness* liegen alle Staaten der ASEAN5 hinter Deutschland. Da dies innerhalb des Subindex *Readiness* eine Sonderrolle einnimmt, werden die einzelnen Variablen hinsichtlich einer Abweichung untersucht. In der Dimension *Business Readiness* werden 10 Variablen abgebildet[59]. Im Ergebnis der Analyse dieser Variablen zeigte sich, dass die in der folgenden Abbildungen dargestellten Variablen für den deutlichen Vorsprung Deutschlands gegenüber den ASEAN5 signifikant sind[60].

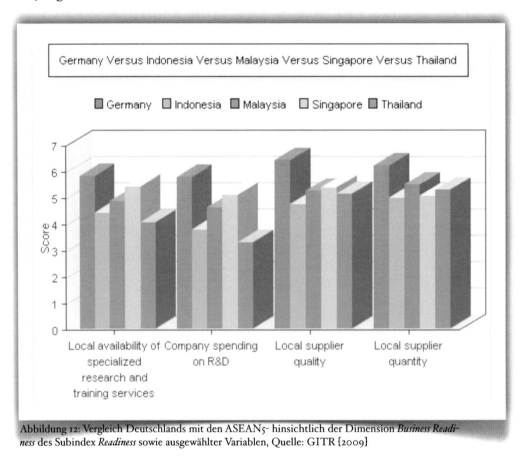

Abbildung 12: Vergleich Deutschlands mit den ASEAN5- hinsichtlich der Dimension *Business Readiness* des Subindex *Readiness* sowie ausgewählter Variablen, Quelle: GITR [2009]

Aus dem hier dargestellten Vergleich lässt sich erkennen, dass Unternehmen in Deutschland in höherem Maße in Forschung und Entwicklung investieren, als dies Unternehmen in den ASEAN5 tun. Zusätzlich ist sowohl die Quantität als auch die Qualität der Zulieferindustrie in Deutschland besser ausgeprägt.

---

59 Vgl. GITR [2009], S. 7

60 Vgl. GITR [2009], S. 335ff.

Untersuchung des Subindex Usage

Der Subindex *Usage* repräsentiert den Einsatz der IT-Infrastruktur durch die 3 Hauptakteure sowie die Auswirkungen dieses Einsatzes auf die Steigerung der Produktivität und der Effizienz. Hierfür wird neben dem individuellen und dem unternehmerischen Einsatz, auch der staatliche Einsatz erfasst.

Innerhalb der Dimension *Business Usage* wird neben der Adaption von neuen Technologien auch die Verwendung von Tele- und Netzwerkkommunikation für das tägliche Geschäft bewertet. In der Dimension *Individual Usage* wird die Durchdringung und Verbreitung der IT-Infrastruktur innerhalb eines Landes auf der individuellen Ebene erfasst. Die Dimension *Government Usage* charakterisiert die Umsetzung der staatlichen Vision einer IT-Infrastruktur[61].

Diese drei Dimensionen, sowie die im Sinn des Buches wichtigsten der darin enthaltenen Variablen, werden im folgenden dargestellt.

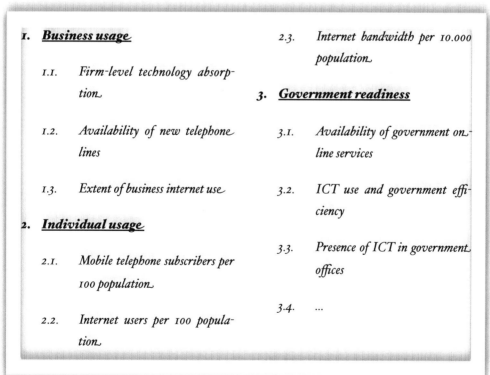

1. *Business usage*

   1.1.   *Firm-level technology absorption*

   1.2.   *Availability of new telephone lines*

   1.3.   *Extent of business internet use*

2. *Individual usage*

   2.1.   *Mobile telephone subscribers per 100 population*

   2.2.   *Internet users per 100 population*

   2.3.   *Internet bandwidth per 10.000 population*

3. *Government readiness*

   3.1.   *Availability of government online services*

   3.2.   *ICT use and government efficiency*

   3.3.   *Presence of ICT in government offices*

   3.4.   *...*

Tabelle 7: Darstellung der für das Buch relevanten Variablen und Dimensionen des Subindex *Usage*, Quelle eigene Darstellung, Daten aus GITR [2009]

---

61 Vgl. GITR [2009], S. 7

Diese Variablen repräsentieren dabei sowohl qualitative als auch quantitative Daten[62]. Die folgende Abbildung zeigt den Vergleich zwischen Deutschland und den ASEAN5- bezüglich des Subindex *Usage*, basierend auf den drei Dimensionen *Business Usage*, *Individual Usage* und *Government Usage*.

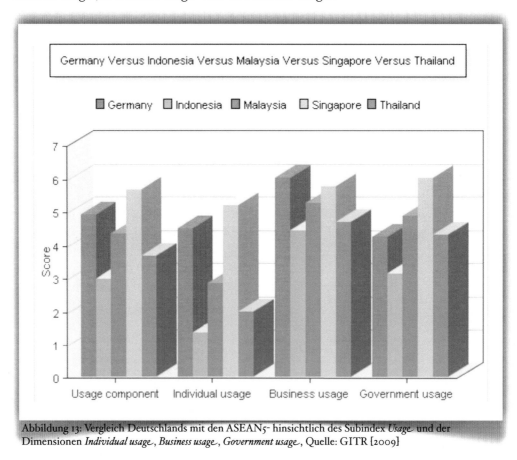

Abbildung 13: Vergleich Deutschlands mit den ASEAN5- hinsichtlich des Subindex *Usage* und der Dimensionen *Individual usage*, *Business usage*, *Government usage*, Quelle: GITR [2009]

Dieser Vergleich bestätigt die bereits aus dem Subindex *Readiness* gewonnenen Erkenntnisse. In einigen Ländern der ASEAN5 ist die staatliche Förderung sowie der staatliche Einsatz der IT-Infrastruktur deutlich stärker als in in Deutschland ausgeprägt. Mit Ausnahme von Singapur existieren maßgeblich in der Dimension *Individual usage* massive Unterschiede zwischen Deutschland und der Gruppe ASEAN5-.

Zusammenfassung der Untersuchung der Subindizes

Die Analyse des *Network Readiness Index* sowie der darin enthaltenen Subindizes hat die Ergebnisse der Analyse des *Global Competitiveness Report* prinzipiell bestätigt.

---

62 Vgl. GITR [2009], S. 353ff.

Resultierend aus den auf der Basis dieser beiden Reports durchgeführten Analysen, kann bezüglich des Aufbaus und des Betriebes einer IT-Infrastruktur ein regional bedingter Unterschied zwischen Deutschland und den ASEAN5 festgestellt werden.

In fast allen Vergleichen hat Singapur als Stadtstaat besser als Deutschland abgeschnitten. Dies trifft sowohl für den *Global Competitiveness Report* als auch für den *Global Information Technology Report* zu. In diesem Zusammenhang stellt sich die Frage ob sich die Ergebnisse von Singapur auch auf andere Megastädte[63] in der Region Südostasien übertragen lassen.

Bedingt durch die Erfassung der anderen Staaten der ASEAN5 als vollständiger Nationalstaat, ist davon auszugehen, dass die Ergebnisse dieser Staaten durch die Anteile eher landwirtschaftlich geprägter Gebiete beeinflusst wurden. Resultierend daraus ist es denkbar, dass die Situation in den Megastädten der Region sich ähnlich zu Singapur verhält und dort kaum Unterschiede zu Deutschland vorliegen.

Für die weitere Betrachtung der Thematik wird daher die folgende These aufgestellt.

These III: **Die infrastrukturellen Voraussetzungen in den Megastädten der ASEAN5 hinsichtlich des Betriebs einer Versicherungs-IT unterscheiden sich nicht wesentlich von Deutschland.**

Zur Überprüfung dieser These sollen im weiteren die Unterschiede zwischen den Ballungs- und landwirtschaftlich geprägten Gebieten untersucht werden.

---

63 Vgl. VORL [2009], S. 96.

4.3.Vergleich der Ballungs– und ländlichen Gebiete

Resultierend aus der wachsenden Industrialisierung, in Verbindung mit der allgemeinen Wirtschaftsentwicklung, ergab sich ab etwa 1950 in nahezu allen Staaten der Region Südostasien ein großer sozioökonomischer Strukturwandel. Dieser führte in Verbindung mit einem hohem Bevölkerungswachstum zu einer beschleunigten Verstädterung. Bestehende Städte dehnten sich in die ländliche Umgebung aus, Dörfer expandierten und wandelten sich in kleine und mittlere Städte. Aus diesen entwickelten sich häufig innerhalb weniger Jahre Großstädte[64]. Zum heutigen Zeitpunkt lebt in etwa die Hälfte der Bevölkerung der Region in Städten[65].

Die Verstädterung verlief und verläuft in den einzelnen Ländern sehr unterschiedlich. Allerdings kann in fast allen Ländern die vorherrschende Position einer Stadt festgestellt werden. Hierbei handelt es sich meist um die Hauptstadt. Diese weist das Vielfache der Größe der nächstgrößeren Stadt auf. Diese Megastädte der ASEAN5 werden im folgenden dargestellt.

Stadt	Bevölkerung im Kerngebiet (in Millionen)	Bevölkerung mit den Randgebieten (in Millionen)
Bangkok	6.9	11.6
Jakarta	8.6	18.6
Kula Lumpur	2.0	7.5
Manila	1.7	11.6
Singapur	4.7	4.7

Tabelle 8: Überblick über die Megastädte der ASEAN5, Quelle eigene Darstellung, Daten aus VORL [2009]

Im folgenden sollen die Unterschiede zwischen den Ballungs- und ländlichen Gebieten untersucht werden. Im Fokus stehen dabei die für die IT-Infrastruktur relevanten Faktoren, welche einen direkten Bezug zu den im *Global Competitiveness Re-*

---

64 Vgl. VORL [2009], S. 95ff.

65 Vgl. Tabelle 1

port und im *Global Information Technology Report* verwendeten Kennzahlen aufweisen.

Für eine tiefergehende Analyse wurden Thailand und Malaysia ausgewählt. Beide Staaten folgen im Vergleich der ASEAN5 mit Deutschland auf den Plätzen 2 und 3. Während Singapur als Stadtstaat den Platz 1 einnimmt und in vielen Belangen Deutschland übertrifft, handelt es sich also bei diesen beiden Nationen um direkte Verfolger in den jeweiligen Vergleichen.

Analyse der Situation in Thailand und Malaysia

Im Rahmen der durchzuführenden Analyse werden die folgenden Faktoren zum Vergleich der Situation in den Ballungs- und den ländlichen Gebieten herangezogen.

1. **Telekommunikation**	**2.** **Internetnutzung**	
1.1. *Verfügbarkeit und Verteilung von Festnetzleitungen*	2.1. *Verfügbarkeit und Verteilung von Internetzugängen*	
1.2. *Verfügbarkeit und Verteilung von Mobiltelefonen*	2.2. *Verteilung der Internetnutzung*	
1.3. *Verfügbarkeit und Verteilung von Münztelefonen*	**3.** **Computernutzung**	
	3.1. *Verfügbarkeit und Verteilung von Computern*	

Tabelle 9: Darstellung der für das Buch relevanten Faktoren für den Vergleich der Ballungs- und ländlichen Gebiete, Quelle eigene Darstellung

Zuerst wird die Verfügbarkeit und die Verteilung von Festnetzleitungen für Telefone verglichen. Hierbei steht die Unterscheidung zwischen Ballungs- und ländlichen Gebieten im Vordergrund.

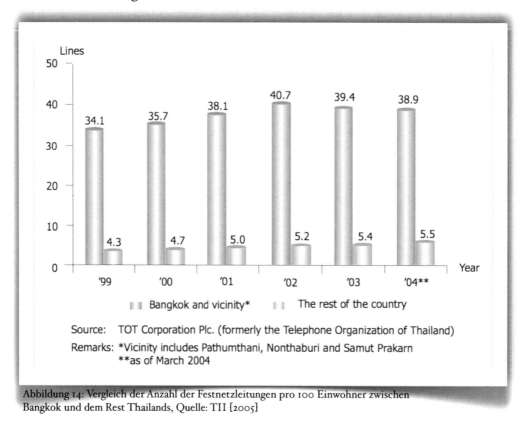

Abbildung 14: Vergleich der Anzahl der Festnetzleitungen pro 100 Einwohner zwischen Bangkok und dem Rest Thailands, Quelle: TII [2005]

Dieser Vergleich zeigt deutlich die Unterschiede in Thailand zwischen Bangkok und Umgebung sowie dem Rest des Landes. Diese Unterschiede haben sich auch im Verlauf der Entwicklung von 1999 bis 2004 nicht signifikant verändert. Die Ausstattung des Großraums Bangkok mit Festnetzleitungen ist maßgeblich besser als im Rest des Landes.

Für Malaysia liegen keine direkten Zahlen hinsichtlich der Verteilung der Festnetzleitungen vor. Stattdessen soll die Verfügbarkeit von öffentlichen Münztelefonen in den Ballungsgebieten mit der in den ländlichen Gegenden verglichen werden.

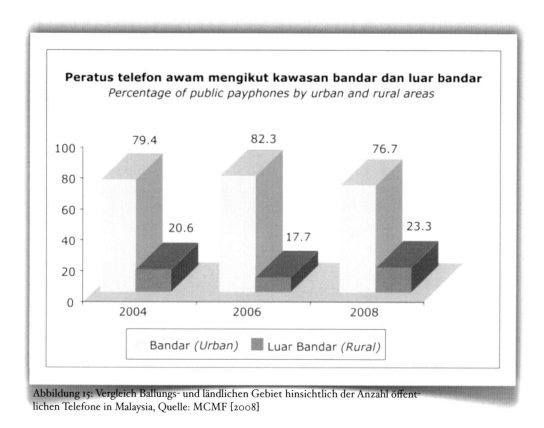

Abbildung 15: Vergleich Ballungs- und ländlichen Gebiet hinsichtlich der Anzahl öffentlichen Telefone in Malaysia, Quelle: MCMF [2008]

In Malaysia ist ebenso wie in Thailand ein deutlicher Unterschied zwischen den Ballungsgebieten und den ländlichen Gegenden festzustellen. Auch hier gibt es im Zeitverlauf keine signifikanten Veränderungen hinsichtlich der Differenz.

Im Anschluss wird die Verteilung der mobilen Telefone in Thailand und Malaysia verglichen. Damit soll unter anderem überprüft werden, ob gegebenenfalls die Festnetzleitungen nur noch von sekundärem Interesse sind und daher nicht weiter ausgebaut werden.

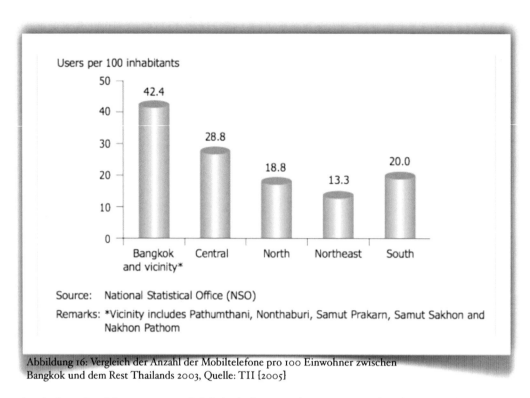

Users per 100 inhabitants

Source: National Statistical Office (NSO)

Remarks: *Vicinity includes Pathumthani, Nonthaburi, Samut Prakarn, Samut Sakhon and Nakhon Pathom

Abbildung 16: Vergleich der Anzahl der Mobiltelefone pro 100 Einwohner zwischen Bangkok und dem Rest Thailands 2003, Quelle: TII [2005]

Auch bei der Nutzung von Mobiltelefonen gibt es einen deutlichen Unterschied zwischen dem Großraum Bangkok und dem Rest Thailands. Jedoch ist hier der Unterschied geringer als bei den Festnetzleitungen. Dies deutet darauf hin, dass auch in den ländlichen Gebieten das Mobiltelefon die Festnetztelefone in ihrer Bedeutung als Kommunikationsmittel abgelöst hat. Dies kann im Rahmen der Geschäftsprozesse eines Versicherungsunternehmens durch die Versicherungs-IT genutzt werden.

Die Verteilung der Mobiltelefonnutzer in Malaysia zeigt maßgebliche Unterschiede zwischen den Ballungs- und den ländlichen Gebieten. So kann davon ausgegangen werden, dass in den Ballungsgebieten nahezu jeder potentielle Versicherungskunde über ein Mobiltelefon erreichbar ist. In den ländlichen Gebieten sind hingegen die Besitzer von Mobiltelefonen in der Minderheit.

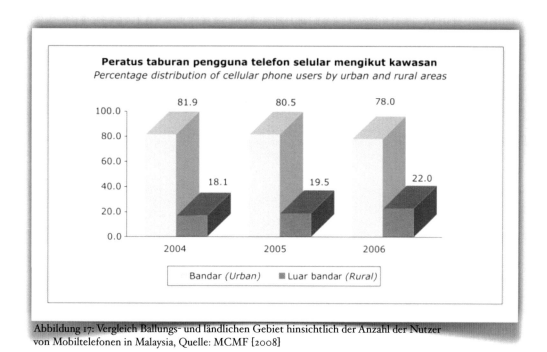

Abbildung 17: Vergleich Ballungs- und ländlichen Gebiet hinsichtlich der Anzahl der Nutzer von Mobiltelefonen in Malaysia, Quelle: MCMF [2008]

Im nächsten Schritt wird die Internetnutzung verglichen. Hierbei wird zunächst die Verteilung der Internetnutzer zwischen den Ballungs- und den ländlichen Gebieten betrachtet.

Region	Number of users (million persons)			Users per 100 Inhabitants		
	2001	2003	2004	2001	2003	2004
Whole kingdom	3.53	6.03	6.97	5.6	10.4	11.9
- Bangkok and vicinity*	1.23	2.01	2.00	16.0	26.9	26.6
- North	0.52	1.34	1.52	4.6	10.1	11.2
- Central	0.83	1.00	1.21	5.9	9.7	11.4
- Northeast	0.56	1.07	1.49	2.6	5.6	7.7
- South	0.39	0.62	0.76	4.7	8.2	9.9

Source: National Statistical Office (NSO)

Remarks: *Vicinity includes Pathumthani, Nonthaburi, Samut Prakarn, Samut Sakhon and Nakhon Pathom

Abbildung 18: Verteilung der Anzahl der Internetnutzer in Thailand, Quelle: TII [2005]

Die Analyse dieses Vergleiches zeigt auch hier die dominante Rolle des Großraumes Bangkok. Die Mehrheit der Internetnutzer in Thailand sind in dieser Region zu finden.

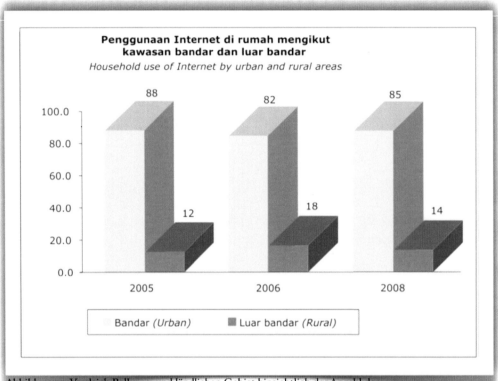

Abbildung 19: Vergleich Ballungs- und ländlichen Gebiet hinsichtlich der Anzahl der Internetnutzer in Malaysia, Quelle: MCMF [2008]

Ähnlich zu der Verteilung der Mobiltelefonnutzer stellt sich auch die Verteilung der Internetnutzer in Malaysia dar. Zwischen den Ballungsgebieten und den ländlichen Gegenden liegt ein signifikanter Unterschied vor. In den Ballungsgebieten gibt es eine sehr hohe Internetdurchdringung, während diese in den ländlichen Gebieten nur schwach ausgeprägt ist.

Zusätzlich zur Verteilung der Telekommunikation, sowie der Internetnutzung, wird die Nutzung der IT-Infrastruktur durch Unternehmen in Thailand hinsichtlich der Verteilung im Land verglichen.

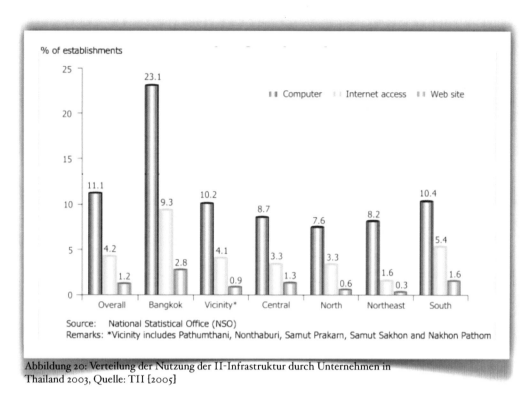

Abbildung 20: Verteilung der Nutzung der II-Infrastruktur durch Unternehmen in Thailand 2003, Quelle: TII [2005]

Dieser Vergleich bestätigt die bisher gewonnenen Erkenntnisse hinsichtlich der Unterschiede in der IT-Infrastruktur zwischen den Ballungs- und ländlichen Gebieten. Die Nutzung, der in Thailand vorliegenden IT-Infrastruktur, folgt zwangsläufig der regionalen Ausprägung dieser.

Fazit der Analyse

Die hinsichtlich der Situation in Malaysia und Thailand vorliegenden Daten erlauben den Schluss, dass signifikante Unterschiede in der Ausprägung der IT-Infrastruktur zwischen den Ballungs- und ländlichen Gebieten innerhalb dieser beiden Länder existieren.

Das Zusammenführen dieser Erkenntnis mit den Ergebnissen des *Global Competitiveness Report* und des *Global Information Technology Report* für Singapur führt zu der Schlussfolgerung, dass **These III** korrekt ist.

4.4.Zusammenfassung der Untersuchungser-gebnisse

Die in 4.1 und 4.2 durchgeführten Untersuchungen basierten sowohl auf dem *Global Competitiveness Report* als auch auf dem *Global Information Technology Report*. Auf der Basis der darin vorliegenden abstrakten Kennzahlen kann ein Unterschied der IT-Infrastruktur zwischen Deutschland und den ASEAN5 festgestellt werden. Lediglich Singapur stellt hierbei eine Ausnahme dar. In den meisten Kennzahlen ist Singapur vergleichbar oder sogar besser als Deutschland positioniert.

Resultierend aus der Sonderrolle Singapurs, sowie der wirtschaftlichen und technologischen Dominanz einzelner Metropolen in der Region Südostasien[66], wurde die Allgemeingültigkeit der oben genannten Kennzahlen für jede Region eines Landes in Frage gestellt.

Zur Überprüfung wurden für Malaysia und Thailand in 4.3 die Unterschiede zwischen Ballungs- und ländlichen Gebieten untersucht. Diese Untersuchungen wiesen deutliche Differenzen in den IT-Infrastrukturen nach. Daraus kann geschlussfolgert werden, dass die im *Global Competitiveness Report* und im *Global Information Technology Report* erhobenen Kennzahlen zwar korrekt sind, sich aber vollständig auf das jeweilige Land beziehen und dabei die Ergebnisse für einzelne Teilregionen verfälscht werden. Für die Überprüfung der in 3.1 formulierten **These I**, muss also zwischen den Ballungs- und ländlichen Gebieten unterschieden werden.

Daraus resultierend kann aus den Untersuchungen in 4.1 bis 4.3 abgeleitet werden, dass für die Ballungsgebiete in den ASEAN5 **These I** nicht zutrifft. Im Unterschied hierzu ist **These I** für die ländlichen Gebiete der ASEAN5 zutreffend.

> *Dies bedeutet für den Aufbau und den Betrieb einer Versicherungs-IT in den Ballungsgebieten der ASEAN5, resultieren aus den regionalen Besonderheiten keine spezifischen Anforderungen.*

---

66 Vgl. VORL [2009], S. 97f.

Neue Ideen durchlaufen drei Phasen: Anfangs werden sie belächelt, später bekämpft, und irgendwann sind sie selbstverständlich.

(Arthur Schopenhauer, 1788-1860)

5

5. Mikroversicherung und IT Anforderungen

Einkommensschwache Haushalte sind überdurchschnittlich durch wirtschaftliche, gesundheitliche oder soziale Risiken gefährdet. Diese Risiken umfassen unter anderem Krankheit, Unfälle mit Todesfolge oder Berufsunfähigkeit, sowie Einkommensverlust durch Kriminalität, Naturkatastrophen oder wirtschaftliche Turbulenzen[67]. Im Vergleich der Gesamtbevölkerung haben diese einkommensschwachen Gruppen die schwächste Ausgangsbasis zur Bewältigung einer durch derartige Risiken ausgelösten Krise.

Die Armut und die Anfälligkeit der einkommensschwachen Haushalte verstärken sich gegenseitig und können nur gemeinsam gelöst werden. Bedroht durch das ständige Risiko eines Einkommensverlustes, haben diese Haushalte in vielen Fällen eigene Maßnahmen zur Risikominimierung entwickelt. Dazu gehören unter anderem die Verteilung des Einkommens auf mehrere Generationen im Haushalt oder die informelle Hilfe in der Dorfgemeinschaft. Allerdings können diese Maßnahmen nur einen kleinen Teil der Risiken abdecken und versagen häufig beim Auftreten einer Serie von Ereignissen. Zusätzlich führt die ständige und nicht kalkulierbare

---

67 Vgl. MRE [2006], S. 1.

Bedrohung eines Einkommensverlustes zu einer geringeren Teilhabe dieser Haushalte am Wirtschaftswachstum eines Landes[68].

Beim Kampf gegen Armut ist es also unerlässlich, diesen einkommensschwachen Bevölkerungsschichten den Zugang zu einem Versicherungsschutz zu erschliessen und auf diese Weise, durch die Risikominimierung eine positive wirtschaftliche Entwicklung der betroffenen Haushalte zu fördern. Dabei ist offensichtlich, dass der Zugang zu Versicherungsschutz allein die Armut in den betroffenen Bevölkerungsgruppen nicht beseitigen kann.

Mikroversicherungen als eine Ausprägung von Mikrofinanzdienstleistungen, wurden und werden speziell für diese Aufgabe entwickelt und sollen im folgenden weiter untersucht werden. Dabei liegt der Fokus auf der Bewertung der aus dieser speziellen Versicherungsform resultierenden Anforderungen an eine Versicherungs-IT.

5.1.Einführung in die Mikroversicherung

Unter einer Mikroversicherung wird der Schutz einkommensschwacher Personen oder Personengruppen gegen spezielle Risiken im Austausch gegen regelmäßige Prämien[69] die der Eintrittswahrscheinlichkeit und der Schadenhöhe dieser Risiken angemessen sind[70].

Diese Definition ist mit der Ausnahme der Beschränkung auf einkommensschwache Personen oder Personengruppe prinzipiell auch auf die üblichen Versicherungsprodukte übertragbar. Allerdings resultieren aus dieser Beschränkung eine Reihe von besonderen Merkmalen für Mikroversicherungen.

Dabei sollen unter einkommensschwachen Personen diejenigen Bevölkerungsgruppen verstanden werden, welche sich üblicherweise ausserhalb des Fokus der herkömmlichen kommerziellen und sozialen Versicherungsansätze befinden. Diese Bevölkerungsgruppen variieren je nach den Spezifika des betrachteten Landes. Beson-

---

68 Vgl. MRE [2006], S. 12.

69 Im Rahmen des vorliegenden Buches werden die Begriffe Prämie und Beiträge synonym verwendet.

70 Vgl. MRE [2006], S. 12

dere Beachtung erfahren dabei Personen, die in der informellen Wirtschaft[71] beschäftigt sind und daher nicht von einem staatlichen oder vom Arbeitgeber gestützten Sozialversicherungsschutz profitieren. Erschwerend kommt hinzu, dass diese Personen nicht über ein regelmäßiges Einkommen verfügen, und sich der Versicherungsschutz daher an einen unregelmäßigen Geldfluss anpassen muss[72].

Die Terminologie "Mikro" im Begriff Mikroversicherung referenziert weder auf die Größe des Risikoträgers noch auf die Größe der Risiken. Die versicherten Risiken sind in der Erlebenswelt der Versicherungskunden lebensbedrohlich und in keiner Form "Mikro". Obwohl durch Mikroversicherungen eine hohe Bandbreite an Risiken abgedeckt werden kann, stehen Risikolebensversicherungen und Krankenversicherungen im Fokus. Dies resultiert aus dem Gefährdungspotential dieser Risiken für die meisten einkommensschwachen Haushalte.

Aus Sicht eines Anbieters gibt es zwei grundsätzliche Motivationen für Mikroversicherungen. Dabei besteht die erste auf dem Ausbau der sozialen Absicherung und der Ergänzung oder dem Ersatz eines staatlichen Ansatzes. Diese Motivation steht im Rahmen des Buches nicht im Vordergrund.

Die zweite Motivation basiert auf dem Angebot eines Versicrungsschutzes für einkommensschwache Bevölkerungsgruppen mit dem Ziel der Entwicklung eines neuen profitablen und nachhaltigen Marktsegmentes für Versicherungsunternehmen. Damit kann die Entwicklung eines Mikroversicherungsmarktes als Umsetzung eines *Base of the Pyramid* - Geschäftsmodells verstanden werden[73]. Diese Geschäftsmodelle verfolgen den Ansatz einer Einbindung bisher vernachlässigter Bevölkerungsgruppen in die unternehmerische Wertschöpfungskette.

---

71 Im Rahmen dieses Buches sollen unter informeller Wirtschaft alle wirtschaftliche Tätigkeiten verstanden werden, welche nicht durch offizielle Statistiken erfasst werden und keiner oder nur einer eingeschränkten staatlichen Regulierung unterliegen.

72 Vgl. MRE [2006], S. 13f.

73 Vgl. MER [2006], S. 16ff. sowie die Arbeiten von C. K. Prahalad, Prahalad [2005]

5.2. Besonderheiten der Mikroversicherung

Wird ein klassisches Versicherungsunternehmen auf dem Mikroversicherungsmarkt aktiv, begegnen diesem eine Fülle von Problemstellungen die nur eingeschränkt mit den herkömmlichen Verfahren und Methoden gelöst werden können.

Neben der Erreichbarkeit von einkommensschwachen Bevölkerungsschichten und der damit verbundenen Frage der Vertriebsstrategie, sind die hiermit in Beziehung stehenden Transaktionskosten unter Berücksichtigung der für die potentiellen Kunden erschwinglichen Versicherungsbeiträge zu beachten. Zusätzlich sind die Fragestellungen der schwankenden Einkommensverhältnisse in den betroffenen Haushalten, die Vorbehalte gegen die Grundidee eines Versicherungsschutzes sowie die Entwicklung geeigneter Produkte zu beantworten. Insbesondere die Produktentwicklung muss auf die Spezifika des Ansatzes eines Mikroversicherungsschutzes fokussiert werden. Dies umfasst nicht nur die Gestaltung der Prämien und die Bestimmung der abgedeckten Risiken, sondern in maßgeblicher Form die Definition von auf den spezifischen Kundenkreis angepassten Versicherungsbedingungen[74].

Aus diesen Problemstellungen lassen sich die folgenden grundlegenden Schwerpunkte im Bereich der Mikroversicherungen ableiten[75].

(I) **Produktentwicklung**

Im Rahmen der Produktentwicklung müssen die spezifischen Risiken einkommensschwacher Haushalte unter Berücksichtigung der Besonderheiten der informellen Wirtschaft betrachtet werden. Die in der klassischen Versicherung angebotenen Produkte reflektieren im Umfang und Beitragshöhe in vielen Fällen nicht die Bedürfnisse der einkommensschwachen Bevölkerungsschichten. In diesem Zusammenhang sind auch die traditionellen Formen von Kollektivversicherungen mit in die Produktentwicklung einzubeziehen.

(II) **Risikoprüfung**

Im klassischen Versicherungsgeschäft ist es nicht ungewöhnlich Kunden mit einem hohen Risiko abzulehnen. Für Mikroversicherungen stehen unter Umständen die Kosten der Risikoprüfung in keinem angemessenen Verhältnis zu

---

74 Vgl. MER [2006], S. 19f.

75 Vgl. MER [2006], S. 22ff.

den Beitragssätzen. In Verbindung mit der aus den niedrigen Beitragssätzen resultierenden notwendigen Menge an Versicherungsverträgen, ist die Risikoprüfung entsprechend zu gestalten und gegebenenfalls maßgeblich in die Leistungs- und Schadensbearbeitung zu integrieren.

(III) **Beitragsgestaltung**

Die Höhe, sowie die Art und Weise der Beitragszahlung, ist an die Spezifika der einkommensschwachen Bevölkerungsschichten anzupassen. Neben den unregelmäßigen Einkommensstrukturen ist hierbei ebenfalls zu berücksichtigen, dass ein großer Teil der potentiellen Versicherungskunden über kein Bankkonto verfügt und daher die üblichen Inkassoverfahren darauf eingestellt werden müssen.

(IV) **Versicherungsbedingungen**

Unter Berücksichtigung der Vorbehalte einkommensschwacher Bevölkerungsschichten gegenüber der Grundidee des Versicherungsversprechens einerseits sowie dem Wissensstand über Versicherungen und dem generellen Bildungsniveau andererseits sind die Versicherungsbedingungen in geeigneter Form zu gestalten.

(V) **Leistungs- und Schadensbearbeitung**

Bei der Art und Weise der Beantragung von Leistungen oder der Regulierung von Schäden, sind die kulturellen und infrastrukturellen Besonderheiten des konkreten Mikroversicherungsteilmarktes zu berücksichtigen. So ist es beispielsweise für einkommensschwache Schichten unerschwinglich, zur Beantragung von Leistungen oder der Bereitstellung von Dokumenten mehrtägige Arbeitsausfälle oder inoffizielle Gebühren zur Erstellung oder Beglaubigung von Dokumenten zu investieren. Hierbei sind auch die damit verbundenen und infrastrukturell beeinflussten Reisezeiten mit zu beachten.

Die Dauer der Leistungs- und Schadensbearbeitung hat direkte Auswirkungen auf die soziale Situation der betroffenen Versicherungskunden. In diesem Zusammenhang sind die Besonderheiten der Risikosituation für einkommensschwache Haushalte in angemessener Form zu berücksichtigen.

(VI) **Vertrieb**

Der Vertrieb von Mikroversicherungsprodukten muss sich maßgeblich mit den

Vorbehalten sowie der Unkenntnis hinsichtlich der Grundidee des Versicherungsversprechens befassen. Hierbei sind alle der oben genannten Punkte (I) - (V) mit zu berücksichtigen.

Die klassischen Methoden des Marketings müssen an die infrastrukturellen, kulturellen und sozialen Besonderheiten des spezifischen Kundensegmentes angepasst werden. Die üblichen Agenten- und Vermittlerstrukturen sind häufig für Mikroversicherungen nicht nutzbar. In diesem Zusammenhang ist maßgeblich, die Frage der Vertriebskosten unter Berücksichtigung der Prämieneinnahmen zu beachten.

Ein häufig von Versicherungsunternehmen gewählter Ansatz ist die Kooperation mit Nichtregierungsorganisationen oder Banken, welche bereits im Bereich der Mikrofinanzierungen aktiv sind. Auf diese Weise können bestehende Kontakte und aufgebautes Vertrauen genutzt werden. Im Rahmen einer solchen Kooperation ist es jedoch unumgänglich, auch technische Schnittstellen zu schaffen.

In Ergänzung zu diesen, aus den Spezifika der Mikroversicherungen resultierenden besonderen Anforderungen, sind auch die berechtigten Interessen eines Versicherungsunternehmens zu berücksichtigen. Dies umfasst neben einer Strategie zur Gewinnerzielung unter anderem auch die Vermeidung des Missbrauchs von Versicherungsleistungen und die Verhinderung doloser Handlungen durch Mitarbeiter des Versicherungsunternehmen. Kritische Punkte hierfür sind die Risikoprüfung, das Inkasso sowie die Leistungs- und Schadensbearbeitung[76].

Im weiteren Verlauf des Buches soll geprüft werden, ob und in welcher Form durch den Einsatz von IT-Verfahren die Umsetzung der speziellen Anforderungen der Mikroversicherung in einer effizienten Art und Weise ermöglicht wird.

5.3.Einsatz von IT in der Mikroversicherung

Maßgebliches Ziel des Einsatzes von IT-Verfahren in der Mikroversicherung ist die Steigerung der Effizienz der Arbeitsabläufe und eine damit verbundene Senkung der Kosten pro Versicherungsvertrag[77]. Ein weiteres Ziel ist die Beherrschbarkeit der

---

76 Vgl. MER [2006], S. 197ff. und S. 216ff.

77 Vgl. MER [2006], S. 591f.

angestrebten hohen Zahlen von Versicherungskunden sowie die Realisierung von automatisierten Schnittstellen zu Kooperationspartnern.

Die Art und Weise der Unterstützung der Geschäftprozesse und Arbeitsabläufe in der Mikroversicherung durch eine IT-Infrastruktur kann in folgende drei grundlegende Bereiche gegliedert werden[78].

1. **Kundenschnittstelle**

   Dieser Bereich umfasst unter anderem die Identifikation und Authentifikation des Kunden, die Realisierung von Mikrozahlungen[79], die Datenerhebung sowie die Vermittlung von Produktinformationen[80].

2. **Transaktionsverarbeitung**

   Im Rahmen dieses Bereiches werden unter anderem die Produktentwicklung, die Bestandsverwaltung, die Leistungs- und Schadensbearbeitung, die Verwaltung des Produktportfolios, die Realisierung eines Management Informationssystems sowie die Kapitalanlagen und die Verwaltung der Finanzen umgesetzt[81].

3. **Datenanalyse**

   Zu diesem Bereich gehören unter anderem die Zusammenfassung und Auswertung der gesammelten Daten, die Analyse der Produkte und des Produktportfolios, die Ermittlung des Rückversicherungsbedarfes sowie die Entwicklung und Analyse von speziellen Mikroversicherungsindikatoren[82].

Die administrativen Kosten für diese drei Bereiche verteilen sich basierend auf einer Befragung von Mikroversicherungsanbietern in der folgenden Art und Weise[83].

---

78 Vgl. TFM [2009], S. 6ff.

79 Unter Mikrozahlung sollen Verfahren zur Zahlung kleiner Summen zusammengefasst werden. Dabei variiert die Bestimmung der Höhen dieser Summen in Abhängigkeit der nationalen, kulturellen und sozialen Gegebenheiten. Vgl. EHRHARDT[2002], S. 87 sowie HARTMANN[2002], S. 396f.

80 Vgl. TFM [2009], S. 11ff.

81 Vgl. TFM [2009], S. 13ff.

82 Vgl. TFM [2009], S. 17ff.

83 Vgl. TFM [2009], S. 8.

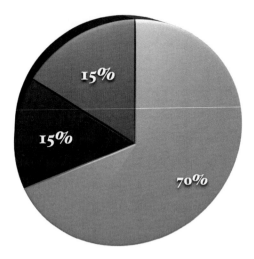

● Kundenschnittstelle   ● Transaktionsverarbeitung   ● Datenanalyse

Abbildung 21: Verteilung der administrativen Kosten in der Mikroversicherung, Quelle: Eigene Darstellung, Daten: TFM [2009], S.8.

Im weiteren Verlauf des Buches werden die Anforderungen aus den drei Bereichen an eine Versicherungs-IT untersucht und potentielle IT-Verfahren zur Erfüllung dieser Anforderungen für die jeweiligen Bereiche vorgestellt.

Kundenschnittstelle

Im Rahmen der Geschäftsprozesse und Arbeitsabläufe eines Mikroversicherers existieren eine Vielzahl unterschiedlicher Schnittstellen. Diese umfassen unter anderem Nichtregierungsorganisationen, Gemeinden, Agrarkommunen, Krankenhäuser, Banken und natürlich Einzelpersonen oder Haushalte aus einkommensschwachen Schichten. Alle diese unterschiedlichen Schnittstellen sollen im folgenden unter dem Begriff Interaktionskanäle zusammengefasst werden.

Innerhalb dieser Interaktionskanäle sind die unterschiedlichen Medien und Werkzeuge, die im Rahmen der Interaktion mit dem Kunden genutzt werden, zu berücksichtigen. Ein maßgebliches, aus Sicht der IT allerdings ineffektives Medium dieser Interaktionen ist dabei Papier[84]. Weitere mögliche Medien sind die unterschidli-

---

84 Die herausragende Rolle des Mediums Papier muss bei der Entwicklung effizienter Arbeitsabläufe in angemessener Form berücksichtigt werden. Hierzu gehören neben der Transformation in elektronische Form auch die Themengebiete Transport und Aufbewahrung von Dokumenten.

chen Formen von *"Point-of-Sales"* Terminals, Mobiltelefone, biometrischen Verfahren sowie mobile Geräte[85].

Eine wichtige Funktionalität der *Kundenschnittstelle* besteht in der *Identifikation und Authentifikation der Kunden*. Neben den herkömmlichen, auf Dokumenten basierenden Methoden, bestehen verschiedene Möglichkeiten der Unterstützung durch IT-Verfahren. Eine Teilmenge der möglichen Verfahren soll im folgenden diskutiert werden.

- **Einsatz biometrischer Verfahren**

  Biometrische Verfahren erlauben die Identifikation und Authentifikation einer Person basierend auf deren körperlichen Merkmalen[86]. Übliche Merkmale hierfür sind die Fingerabdrücke, die Handgeometrie, die Iris oder die Stimme.

  Der Einsatz biometrischer Verfahren setzt eine entsprechende Einführung zur erstmaligen Erfassung und Zuordnung der Merkmale voraus. Des weiteren müssen die gesammelten Merkmale in einer zentralen oder dezentralen Datenhaltung verwaltet werden. In Abhängigkeit der Umsetzung der biometrischen Verfahren sowie der darauf aufbauenden Arbeitsabläufe ist gegebenenfalls eine Kommunikationsverbindung zu den zentralen IT-Systemen des Mikroversicherers notwendig. Obwohl die Vorteile von biometrischen Verfahren zur einfachen Identifikation und Authentifikation offensichtlich sind, müssen die damit verbundenen initialen Kosten als kritisch eingestuft werden.

- **Einsatz von Smartcards**

  Unter Smartcards sollen im Rahmen dieses Buches mit einem Microchip[87] ausgestattete Plastikkarten verstanden werden. Diese verfügen üblicherweise über die Abmessungen einer Kreditkarte. Auf dem Microchip einer Karte können die Daten eines Versicherungsnehmers sowie Authentifizierungsinformationen gespeichert werden.

  Für die Identifikation und Authentifikation eines Versicherungsnehmers wird also der Besitz der Smartcard sowie das zu den gespeicherten Authentifizierungsin-

---

85 Vgl. TFM [2009], S. 11f.

86 Vgl. HANNEU[2005], S. 291f. sowie NOLDE[2002], S. 20ff.

87 Ein Microchip umfasst üblicherweise einen persistenten Speicher sowie einen Prozessor zur Ausführung von gespeicherten Programmen. Vgl. HANNEU[2005], S. 43.

formationen komplementäre Wissen[88] überprüft.

Für den Einsatz von Smartcards müssen diese zuerst initial an die Versicherungsnehmer verteilt werden. Bedingt durch die Speicherung der Authentifikationsinformationen auf der Smartcard selbst ist in vielen Fällen keine Kommunikation mit den zentralen IT-Systemen des Mikroversicherers notwendig. Die aus der Ausstattung mit Smartcards resultierenden Kosten sind in die Betrachtung des Nutzens für die konkreten Arbeitsabläufe mit einzubeziehen.

Mittels dieser beiden Verfahren können Versicherungskunden in einer einfachen und sicheren Art und Weise erkannt werden[89]. Darauf aufbauend sind eine Vielzahl von weiteren Arbeitsabläufen denkbar. Hierzu gehören beispielsweise Mikrozahlungen oder Bestandsabfragen. Beide Verfahren setzen voraus, dass entsprechende Leseeinrichtungen an den für eine Identifikation und Authentifikation vorgesehenen Lokationen vorhanden sind.

Eine weitere wichtige Funktionalität der *Kundenschnittstelle* besteht in der *Realisierung von Mikrozahlungen*. Hierbei sind die unregelmäßigen Einkommen, das Fehlen eines eigenen Bankkontos sowie die Gefährdung durch dolose Handlungen zu berücksichtigen.

Im Rahmen der Mikroversicherung ist es innerhalb der einkommensschwachen Bevölkerungsgruppen nicht ungewöhnlich, dass in beispielsweise wöchentlichem Rhythmus die Prämien direkt in den Haushalten eingesammelt werden[90]. Dabei ist es im Sinn eines effizienten Ablaufes sowie zur Vermeidung von dolosen Handlungen zielführend, Mikrozahlungen durch IT-Verfahren zu unterstützen. Diese bauen dabei auf die bereits beschriebene Funktionalität der Identifikation und Authentifikation der Kunden auf. Einige der Möglichkeiten einer Unterstützung werden im folgenden diskutiert.

- **Mobile Geräte**
  Unter dem Begriff "Mobile Geräte" werden innerhalb des vorliegenden Buches tragbare elektronische Geräte verstanden, welche über einen Speicher, Eingabemöglichkeiten sowie ein Display verfügen und Programme ausführen können. Ty-

---

88 Dies können ein Passwort oder eine Personal Identification Number (PIN) sein.

89 Vgl. HANNEU[2005], S. 290ff.

90 Vgl. MER [2006], S. 197ff. und S. 205ff.

pische Vertreter hierfür sind Mobiltelefone, Smartphones, Personal Digital Assistants (PDA)[91], Notebooks oder Netbooks.

Mittels dieser Geräte sowie einer darin integrierten Identifikation und Authentifikation kann sowohl durch den Versicherungsnehmer als auch durch den Mitarbeiter des Mikroversicherers[92] eine Mikrozahlung bestätigt werden. Auf diese Weise wird die Gefahr von dolosen Handlungen reduziert. Obwohl gegebenenfalls die Mikrozahlung selbst in bar durchgeführt wird, kann der beim Mikroversicherer anfallende Verwaltungsaufwand deutlich reduziert werden.

Ob eine Kommunikationsverbindung zwischen dem mobilen Gerät und der zentralen IT des Mikroversicherers notwendig ist, hängt sowohl von den verwendeten mobilen Systemen als auch von den Arbeitsabläufen ab.

- **"*Point-of-Sale*" Terminals**

Im Kontext des Buches werden unter "*Point-of-Sale*" Terminals in zentralen Einrichtungen positionierte Computersysteme verstanden. Hierbei kann es sich unter anderem um Einkaufszentren, Poststationen oder Gemeindezentren handeln.

Diese Geräte erlauben es den Versicherungsnehmern, in Verbindung mit einer Identifikation und Authentifikation, die Beitragszahlung direkt am Gerät vorzunehmen. Dabei sind auch Bareinzahlungen denkbar. Diese Geräte können ebenso wie die mobilen Systeme eine über die Mikrozahlung hinausgehende Funktionalität zur Verfügung stellen.

Ob eine Kommunikationsverbindung zwischen dem "*Point-of-Sale*" Terminal und der zentralen IT des Mikroversicherers notwendig ist, hängt sowohl von den verwendeten "*Point-of-Sale*" Terminals als auch von den unterstützten Arbeitsabläufen ab.

Die vorgestellten Verfahren erlauben es, die Realisierung von Mikrozahlung durch IT-Lösungen zu unterstützen. Obwohl die Einführung der Verfahren zwangsläufig mit Kosten verbunden ist, kann bei einer entsprechenden Menge an Versicherungsnehmern der generierte Nutzen durch effizientere Arbeitsabläufe deutlich überwiegen.

---

91 Unter einem "Personal Digital Assistant" (PDA) werden Mobiltelefone, Smartphones oder spezialisierte Minicomputer verstanden. Vgl. HANNEU[2005] S.63f.

92 Hierbei muss es sich nicht zwangsläufig um einen Mitarbeiter des Mikroversicherers handeln. Ebenso ist es möglich, dass die Beitragszahlungen durch einen Kooperationspartner gesammelt werden.

Die ebenfalls notwendige Funktionalität einer *Information* des Versicherungskunden über seine Verträge[93], den Stand seiner Beitragszahlungen sowie weiterer Mikroversicherungsprodukten, kann durch eine Kombination der oben beschriebenen IT-Verfahren ebenfalls realisiert werden.

Bedingt durch die Vielfalt der unterschiedlichen Interaktionskanäle und der gegebenenfalls hohen Anzahl an Kommunikationsteilnehmern, stellt die *Kundenschnittstelle* für einen Mikroversicherer eine Herausforderung dar. Eine zusätzliche Hürde stellen, die in den einkommensschwachen Regionen der jeweiligen Länder stark am Medium Papier orientierten gesellschaftlichen, wirtschaftlichen und sozialen Prozesse dar. Aus der Realisierung der *Kundenschnittstelle* resultiert die Mehrheit der administrativen Kosten. Durch den Einsatz von IT-Verfahren können die Kosten gesenkt und die Arbeitsabläufe effizienter gestaltet werden. Grundvoraussetzung ist allerdings eine entsprechende Anzahl von Versicherungsnehmern[94], die Berücksichtigung der infrastrukturellen Besonderheiten in der jeweiligen Region[95] sowie eine mit der *Transaktionsverarbeitung* kompatible technologische und organisatorische Ausgestaltung der Prozessabläufe.

Transaktionsverarbeitung

Der Bereich *Transaktionsverarbeitung* umfasst die IT-Unterstützung zentraler Versicherungsprozesse. Hierzu gehören unter anderem Bestandsverwaltung, Leistungs- und Schadensbearbeitung oder das Management Informationssystem. Die Durchführung dieser Prozesse ist in der heutigen Zeit ohne IT-Unterstützung kaum realisierbar. Die Erfüllung der wirtschaftlichen und regulatorischen Anforderungen an ein Versicherungsunternehmen erzwingt faktisch den Einsatz von IT-Verfahren[96]. Damit stellt sich für einen Mikroversicherer nicht die Frage, ob eine IT-Unterstützung sinnvoll ist. Vielmehr ist zu entscheiden in welcher Form die hierfür benötigten IT-Lösungen aufgebaut und bereitgestellt werden sollen.

---

93 Dies umfasst auch die die Möglichkeit der Änderung seiner persönlichen Daten.

94 In diesem Zusammenhang sei auf die betriebswirtschaftlichen Theorien des "*Scale of Economy*" verwiesen.

95 Vgl. Kap. 4

96 Vgl. FARNY [2000], S. 171.

Bedingt durch die Vielfältigkeit der zu erfüllenden Aufgaben sowie deren wechsel-seitigen Abhängigkeiten stehen hierbei im Unterschied zur *Kundenschnittstelle* keine auf konkrete Aufgaben zugeschnittene Verfahren im Fokus. Stattdessen soll unter-sucht werden, wie die benötigte IT-Infrastruktur sowie die darauf aufbauenden Anwendungen im Mikroversicherer etabliert werden können. Hier lassen sich drei Grundansätze klassifizieren. Diese sollen im folgenden vorgestellt und diskutiert werden.

• Eigenentwicklung

Im Rahmen dieses Ansatzes erfolgt die Entwicklung der notwendigen Anwendun-gen durch den Mikroversicherer selbst. Im Rahmen der Entwicklung wird oft auch Open Source Software[97] verwendet. Die entstehenden Lösungen sind maß-geblich auf die Bedürfnisse in der *Transaktionsverarbeitung* des Mikroversicherers zugeschnitten und werden häufig als autonome Anwendungen ohne Netzwerkin-tegration konzipiert. Probleme treten meist auf, wenn durch Wachstum oder An-bindung von Kooperationspartnern Erweiterungen oder Netzwerk- und Daten-bankintegrationen vorgenommen werden müssen[98].

• Fremdentwicklung

Bei diesem Ansatz greift der Mikroversicherer auf von einem Drittanbieter ent-wickelte Software zurück. Diese ist meist modular aufgebaut und verfügt über ei-ne Netzwerkintegration. Dadurch ist es möglich, diese an verschiedenen Standor-ten zu betreiben. Der Zugriff erfolgt üblicherweise über webbasierte Dienste[99]. In vielen Fällen sind die verschiedenen Ausprägungen der *Kundenschnittstelle* in der Software integriert. Durch den modularen Aufbau kann dieser Ansatz einfacher an ein Wachstum der Kunden- oder Standortzahlen angepasst werden. Probleme können auftreten bei der Integration von Lösungen anderer Anbieter. Der Mikro-versicherer betreibt diese Anwendungen im Rahmen seiner Versicherungs-IT

---

97 Darunter wird quelloffene Software verstanden, welche unter unterschiedlichen Rahmenbedin-gungen keine Lizenzkosten oder Nutzungsbeschränkungen unterliegt. Ein Beispiel hierfür ist Soft-ware welche unter der *General Public License* (GPL) veröffentlicht wird. Vgl. HANNEU[2005], S. 166f,

98 Vgl. TFM [2009], S. 14.

99 Darunter sollen Zugriffe über einen Webbrowser (Internet Explorer, Firefox, Opera, Safari, ...) verstanden werden.

selbst, erhält allerdings durch den Softwareanbieter Dienstleitungen zur Wartung und Anpassungen.

- **Externe Dienstleistungen**

Dieser Ansatz basiert auf der Verlagerung maßgeblicher Teile der IT-Infrastruktur zu einem externen Partner. Ein klassischer Ansatz hierfür sind Lösungen aus dem Umfeld *"Software as a Service"*[100]. Hierfür werden durch einen externen Anbieter die notwendigen Anwendungen für die Mikroversicherung entwickelt und betrieben. Dabei werden zusätzlich zu den Anwendungen der *Transaktionsverarbeitung* auch die notwendigen Bestandteile der *Kundenschnittstelle* sowie der *Datenanalyse* mit angeboten. Durch den Mikroversicherer werden die benötigten Funktionalitäten in dem gewünschtem Umfang gemietet. Auf diese Weise wird die notwendige IT-Infrastruktur beim Mikroversicherer selbst minimiert. Dies senkt zwar die Entwicklungs- und Betriebskosten in der Versicherungs-IT des Mikroversicherers, ist jedoch erst ab einer hohen Menge an Versicherungskunden wirtschaftlich sinnvoll. Zusätzlich sind die notwendigen Kommunikationsverbindungen sowie die regulatorischen Vorschriften hinsichtlich der Speicherung von Kundendaten bei einem externen Dienstleister zu berücksichtigen.

Die *Transaktionsverarbeitung* muss die aus den Besonderheiten der Mikroversicherung resultierende hohe Fokussierung auf das Medium Papier berücksichtigen und in angemessener Art und Weise ausgleichen[101]. In Verbindung mit der Integration der spezifischen Anforderungen aus der *Kundenschnittstelle*, insbesondere der Mikrozahlungen und der Identifikation und Authentifikation, kann auf diese Weise eine effiziente Realisierung der Versicherungsprozesse[102] erfolgen.

In welcher Ausprägung eine IT-Architektur[103] zur *Transaktionsverarbeitung* umgesetzt wird, hängt maßgeblich von der konkreten Situation des Mikroversicherers sowie dem gewählten Grundansatz ab.

---

100 Andere Ansätze umfassen unter anderem *Managed Services* oder *Cloud Computing*.

101 Vgl. TFM [2009], S, 13.

102 Dazu gehören unter anderem Bestandsverwaltung, Management Informationssystem, Leistungs- und Schadensbearbeitung, Finanzanlagen und Finanzverwaltung.

103 Im Rahmen des vorliegenden Buches sollen unter einer IT-Architektur alle Vorgaben zum Aufbau und Betrieb einer IT-Infrastruktur verstanden werden.

Die Anzahl der Anbieter von speziellen Anwendungen oder "*Software as a Service*" Lösungen für Mikroversicherer ist zum aktuellen Zeitpunkt überschaubar und die Wahlmöglichkeiten für Mikroversicherungsunternehmen sind eingeschränkt[104]. Es kann allerdings davon ausgegangen werden, dass sich mit der wachsenden Bedeutung dieses Marktes auch die Zahl der Softwareanbieter positiv entwickeln wird.

Datenanalyse

Aufgabe der *Datenanalyse* ist es, die Verbindung zwischen der Mikroversicherung und der klassischen Versicherung oder anderen Finanzdienstleistern herzustellen. Zu diesem Zweck ist die *Datenanalyse* auf die Bedürfnisse des Mikroversicherers zuzuschneiden. Dabei bestehen die maßgeblichen Probleme in der Bereitstellung, Haltung und Übertragung von Daten[105]. Die *Datenanalyse* ist hierbei darauf angewiesen, dass die auf dem Medium Papier eingehenden Daten bereits durch die *Kundenschnittstelle* sowie die *Transaktionsverarbeitung* in ein für die Analyse geeignetes Format umgewandelt wurden.

Die *Datenanalyse* muss maßgeblich mit Daten aus der *Kundenschnittstelle* und der *Transaktionsverarbeitung* durchgeführt werden. Gleichzeitig müssen diese Daten unter Umständen an andere Versicherer, Rückversicherer oder Banken weitergegeben werden. Erschwerend kommt hinzu, dass viele Mikroversicherer mit einem oder mehreren Kooperationspartnern arbeiten, um Zugang zu den einkommensschwachen Bevölkerungsschichten zu erhalten.

Im Rahmen dieser Kooperation ist es unumgänglich, Daten auszutauschen. Dies betrifft sowohl die *Datenanalyse* als auch die *Kundenschnittstelle* und die *Transaktionsverarbeitung*. Hierfür ist neben der Bereitstellung und Übertragung, auch das Problem der einheitlichen Datenformate zu klären. Dieses wird durch die unterschiedlichen Formen der IT-Infrastrukturen verschärft. Das trifft auch auf die Weitergabe der Daten durch Mikroversicherer an andere Unternehmen oder Institutionen zu. In diesem Zusammenhang ist der Aufbau einer gemeinsamen Datenhaltung eine Möglichkeit, um die oben genannten Probleme zu lösen.

---

104 Vgl. TFM [2009], S, 31ff.

105 Vgl. TFM [2009], S. 17.

Resultierend aus der Notwendigkeit die Datenanalyse einerseits auf die Bedürfnisse des Mikroversicherers und andererseits auf die vorhandenen Daten und deren Formate zuzuschneiden, gibt es kaum etablierte Lösungen. Vielmehr müssen die vorhandenen IT-Verfahren, im Rahmen von Standardisierung und Zusammenarbeit zwischen den an der Analyse beteiligten Partnern, in geeigneter Art und Weise angepasst werden[106].

5.4. Klassifizierung von IT-Lösungen für die Mikroversicherung

Basierend auf den im vorhergehenden Kapitel beschriebenen Einsatzmöglichkeiten von IT-Verfahren in der Mikroversicherung, kann eine Klassifizierung der Lösungen hinsichtlich des Umfangs und der Kosten vorgenommen werden[107].

(1) **Kleine autonome Systeme**

Hierbei handelt es sich autonome Systeme, welche zumeist vom Mikroversicherer selbst entwickelt wurden. Es werden die maßgeblichen Funktionalitäten der Transaktionsverarbeitung abgedeckt. Die für die Kundenschnittstelle oder Datenanalyse notwendigen Funktionen sind gar nicht oder nur eingeschränkt vorhanden. Bedingt durch die vom Mikroversicherer selbst zu erbringende Unterstützung und Betreuung für diese Systeme, können Probleme bei der Ausweitung über eine geographische Region hinaus auftreten.

(2) **Mittlere integrierte Systeme**

Systeme dieser Klasse wurden unter der Prämisse der Systemintegration entwickelt und verfügen über eine modulare Architektur. Bestandteil dieser Systeme ist eine Datenbanklösung[108] zur zentralen und gemeinsamen Datenhaltung für alle Anwendungen. Die IT-Verfahren der Kundenschnittstelle sind im System integriert. Jedoch ist die Datenanalyse nicht Bestandteil des Systems. Diese Form der Systeme wird häufig durch einen Drittanbieter entwickelt und vom Mikroversicherer betrieben. Es sind aber auch Szenarien denkbar, in denen ein

---

106 Vgl. TFM [2009], S. 23f.

107 Vgl. TFM [2009], S. 18ff.

108 Vgl. HANNEU[2005], S. 194f.

solches System vom Mikroversicherer oder einem seiner Kooperationspartner entwickelt und betrieben wird.

(3) **Große global verteilte Systeme**

Diese Systeme basieren auf einer von mehreren Kunden genutzten und weltweit verteilten Hardware und Software. Die notwendigen Anwendungen werden vom Anbieter eines solchen Systems entwickelt und betrieben. Diese können alle für einen Mikroversicherer notwendigen Bereiche der IT-Unterstützung umfassen. Für die Nutzung eines solchen Systems sind stabile und preisgünstige Kommunikationsverbindungen unabdingbar. Zusätzlich muss die Anzahl, der mit den Anwendungen verwalteten Versicherungskunden, eine entsprechende Größe erreichen.

Die vorgestellten Systemklassen unterscheiden sich nicht nur im Umfang der realisierten Funktionen, sondern auch in den mit der Entwicklung und dem Betrieb verbundenen Kosten. Der Bedarf an einer speziellen Systemklasse ist an die Anzahl der Versicherungskunden des Mikroversicherers gebunden. Basierend auf einer weltweiten Befragung von Mikroversicherern wird dieser Zusammenhang in der folgenden Abbildung dargestellt.

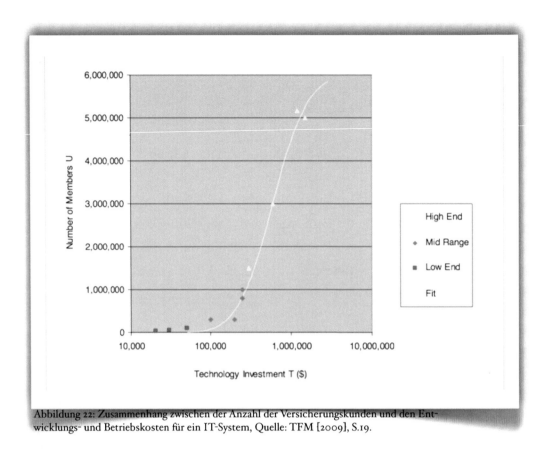

Abbildung 22: Zusammenhang zwischen der Anzahl der Versicherungskunden und den Entwicklungs- und Betriebskosten für ein IT-System, Quelle: TFM [2009], S.19.

Aus dieser Abbildung lässt sich ableiten, dass bei den befragten Mikroversicherern erst ab einem Bestand von über 1 Million Versicherungskunden *Große global verteilte Systeme* eingesetzt werden. Des weiteren ist der Kostensprung zwischen *Mittleren Systemen* und *Großen global verteilten Systemen* klar erkennbar.

Unter Berücksichtigung der bei der Entwicklung, der Einführung und dem Betrieb von IT-Systemen entstehenden Kosten stellt sich die Frage nach den Kosten pro Versicherungsvertrag. Darauf basierend kann für einen konkreten Mikroversicherer die Amortisationsdauer ermittelt werden.

Zur Ermittlung der Kosten eines IT-Systems pro Versicherungsvertrag wird die Größe der Referenzprämie eingeführt. Diese stellt die kleinste mögliche Prämie dar, mit welcher die Gewinnschwelle erreicht werden kann. Zur Bestimmung dieser Referenzprämie werden die Zeiten zur Einführung des Systems ebenso berücksich-

tigt, wie die notwendige Zeitspanne, bis eine Steigerung der Effizienz der Arbeitsabläufe sich auf die Produktivität[109] des Mikroversicherers auswirkt[110].

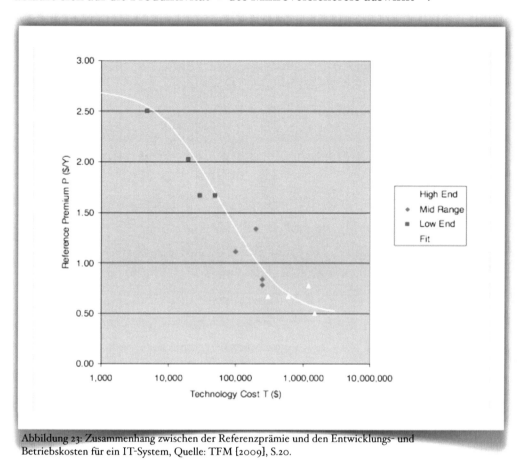

Abbildung 23: Zusammenhang zwischen der Referenzprämie und den Entwicklungs- und
Betriebskosten für ein IT-System, Quelle: TFM [2009], S.20.

Aus dieser Abbildung kann die Wirksamkeit des *"Scale of Economy"* Effekt für IT-
Systeme im Mikroversicherungsumfeld abgeleitet werden. Im Zusammenhang mit
Abbildung 23 zeigt diese Abbildung, dass auch beim Einsatz von *Großen global verteilten Systemen* die Kosten pro Versicherungsvertrag gering sein können. Grundvoraussetzung hierfür ist eine entsprechende Anzahl an Versicherungskunden, welche
über dieses IT-System verwaltet werden. Daraus lässt sich ableiten, dass trotz der
hohen Einführungs- und Betriebskosten *Große globale Systeme* bei Mikroversicherern mit den dort traditionell geringen Beiträgen pro Vertrag wirtschaftlich eingesetzt werden können.

109 Im Rahmen der Studie wurde eine durchschnittliche Produktivitätssteigerung in der Höhe von
10% der Prämieneinnahmen ermittelt.

110 Vgl. TFM [2009], S. 20.

Im Ergebnis der Klassifizierung der IT-Lösungen für Mikroversicherungen kann festgestellt werden, dass unabhängig von der Größe des Mikroversicherers, der Einsatz von IT-Systemen zu einer Steigerung der Effizienz der Arbeitsabläufe und damit verbunden zur Erhöhung der Produktivität führen kann. Die Entscheidung, welche Klasse von IT-Systeme eingesetzt wird, hängt unter Kostengesichtspunkten maßgeblich von der Anzahl der Versicherungskunden sowie der infrastrukturellen Rahmenbedingungen in der jeweiligen geographischen Region ab.

5.5.Zusammenfassung der Erkenntnisse

Die Untersuchung der Einsatzmöglichkeiten von IT-Verfahren für die Mikroversicherung zeigen, dass eine Verwendung von IT-Lösungen ohne Alternative ist. Neben der dadurch erreichbaren Steigerung der Produktivität, ist der Grundgedanke der Mikroversicherung, die Versorgung einkommensschwacher Schichten mit einer Risikovorsorge, ohne IT-Einsatz nicht zu bewerkstelligen. Dies resultiert maßgeblich aus der effizienten Verwaltung einer großen Anzahl von Versicherungsverträgen bei gleichzeitigem niedrigen Prämieneinnahmen.

Die Spezifika der Mikroversicherung stellen besondere Anforderungen an die einzusetzenden IT-Verfahren. Diese resultieren maßgeblich aus der *Kundenschnittstelle* und den daraus folgenden Auswirkungen auf die *Transaktionsverarbeitung*. Innerhalb der *Kundenschnittstelle* müssen Mikrozahlungen und eine Identifikation und Authentifikation von Versicherungskunden ermöglicht werden. Zusätzlich sind unter Umständen eine Vielzahl von Kooperationspartnern[III], auch IT-technisch, einzubinden.

Für die Bewertung der Auswirkungen dieser besonderen Anforderungen auf ein Versicherungsunternehmen, welches auf dem Mikroversicherungsmarkt aktiv werden will, ist entscheidend, welche konkrete Rolle dieses Versicherungsunternehmen im Markt einnehmen möchte. Tritt das Versicherungsunternehmen beispielsweise nur als Risikoträger in Kooperation mit Nichtregierungsorganisationen auf, dann sind die Auswirkungen geringer, als wenn das Versicherungsunternehmen als eigenständiger Mikroversicherer auf dem Markt aktiv wird. Für die folgende Bewer-

---

III Hierbei ist zu beachten, dass diese Kooperationspartner maßgeblich entweder als Distributionskanal oder als Risikoträger fungieren können und in vielen Fällen über eine eigene IT verfügen.

tung wird von einer Rolle als eigenständiger Mikroversicherer, der nur in ausgewählten Bereichen mit Kooperationspartnern zusammenarbeitet, ausgegangen.

Aus Sicht eines Versicherungsunternehmens mit einer bereits vorhandenen Versicherungs-IT sind viele der Anforderungen der *Transaktionsverarbeitung* durch die vorhandenen Anwendungen bereits gelöst. Jedoch kann die Einbindung der neuen Ansätze in der *Kundenschnittstelle*[112] sowie die Integration einer Vielzahl von Kooperationspartnern problematisch werden. Dabei hängt die Komplexität der daraus resultierenden speziellen Anforderungen maßgeblich von der Menge der zu betreuenden Versicherungskunden sowie der Anzahl der Kooperationspartner ab.

Die Thematik der *Datenanalyse* ist auf die konkrete Situation eines Versicherungsunternehmens, welches auch Mikroversicherungen vertreiben möchte, zuzuschneiden. In diesem Zusammenhang ist zu prüfen, ob und in welcher Form die notwendigen Daten vorliegen und mit den vorhandenen Lösungen verarbeitet werden können.

Daraus resultierend kann festgestellt werden, dass für ein Versicherungsunternehmen mit einer bereits etablierten Versicherungs-IT, der Eintritt auf dem Mikroversicherungsmarkt durch die Möglichkeiten der teilweisen Nutzung der vorhandenen IT-Infrastruktur vereinfacht wird. Dennoch sind in Abhängigkeit der Kooperation mit anderen Marktteilnehmern Anpassungen, vorzunehmen.

Aus den Untersuchungen in 5.2 - 5.4 kann hinsichtlich der in 3.2 aufgestellten These 2 die folgende Aussage formuliert werden.

> **In Abhängigkeit der Kundenanzahl und der Positionierung im Mikroversicherungsmarkt resultieren aus den Spezifika der Mikroversicherung besondere Anforderungen an den Betrieb einer Versicherungs-IT. Diese erfordern insbesondere in der Kundenschnittstelle angepasste Lösungen.**

---

112 Dies betrifft vor allem die Thematik Mikrozahlungen und die Problematik einer konkreten Identifikation und Authentifikation.

Es genügt eben nicht, dass Technik gut funktioniert. Sie muss auch in die Welt passen.

(Gero von Randow, 1953-*)

6. IT Lösungsansätze für Mikroversicherung in Südostasien

Im Rahmen des Buches wurde untersucht, welche speziellen Anforderungen an eine Versicherungs-IT in Südostasien gestellt werden. Hierbei wurde sowohl die Existenz und Form regionaler Besonderheiten als auch die aus spezifischen Geschäftsprozessen resultierenden Anforderungen bewertet. Zu diesem Zweck wurden in den Abschnitten 3.1 und 3.2 zwei Thesen formuliert und in den Kapiteln 4 und 5 überprüft. Im weiteren Verlauf des vorliegenden Werkes, sollen die daraus gewonnenen Erkenntnisse zusammengeführt werden.

6.1. Anwendung der Klassifizierung der IT-Lösungsansätze

Für ein Versicherungsunternehmen, welches in Südostasien im Mikroversicherungsmarkt aktiv werden möchte, sind basierend auf den in Abschnitt 5.4 beschriebenen Klassen von IT-Lösungsansätzen maßgeblich *"mittlere integrierte"*- oder *"große global verteilte"* IT-Systeme relevant.

Die Verwendung vorhandener Anwendungen sowie der Aufbau und Betrieb einer eignen Versicherungs-IT in Südostasien erfüllt hinsichtlich der Mikroversicherung die Eigenschaften eines *"mittleren integrierten"* Systems. Dabei ist es nicht signifikant, ob der Aufbau und Betrieb einer Versicherungs-IT durch die Übernahme regionaler Versicherungsunternehmen erfolgt oder ob die Strukturen selbstständig aufgebaut werden.

Die Verwendung *"großer global verteilter"* IT-Systeme, ist unter Berücksichtigung der hierfür notwendigen Anzahl an Mikroversicherungskunden kritisch zu bewerten. Dies gilt insbesondere für ein Versicherungsunternehmen, welches den Markt gerade erst betritt. Eine Ausnahme können hierbei große Versicherungsunternehmen darstellen, welche bereits über eine international ausgerichtete Versicherungs-IT verfügen und die speziellen Anforderungen an Kommunikationsverbindungen erfüllen können.

Die konkrete Ausprägung einer Versicherungs-IT in Südostasien hängt maßgeblich, von der grundsätzlich angestrebten Marktpositionierung eines Versicherungsunternehmens in dieser Region ab. Zusätzlich sind relevante Zielgruppen, die damit verbundene regionale Fokussierung des Versicherungsunternehmens sowie die Art und Weise einer gegebenenfalls angestrebten Kooperation zu berücksichtigen. Zur weiteren strukturierten Betrachtung der Thematik werden die folgenden beiden grundlegenden Szenarien definiert.

I. **Ein Versicherungsunternehmen will in Südostasien aktiv werden und sich auf die klassischen Versicherungsprodukte[113] konzentrieren. Dieses Szenario kann hinsichtlich der relevanten Zielgruppen unterschieden werden, in eine auf die Ballungsgebiete beschränkte Betrachtung sowie die Einbeziehung der ländlichen Gebiete.**

II. **Ein Versicherungsunternehmen, welches in Südostasien aktiv werden möchte, will in den Mikroversicherungsmarkt eintreten. Hierbei wird nach der Rolle, die durch das Versicherungsunternehmen eingenommen werden soll, weiter differenziert. Es wird unterschieden**

---

113 Darunter sollen im folgenden Versicherungsprodukte aus dem Personen- und Kompositversicherungsbereich verstanden werden, welche nicht für die Spezifika der einkommensschwachen Bevölkerungsschichten entwickelt wurden.

zwischen der Rolle eines reinen Risikoträgers[114] und der Rolle eines vollständigen Mikroversicherers[115].

Diese beiden Szenarien sowie die daraus abgeleiteten spezifischen Ausprägungen werden im weiteren Verlauf des Buches betrachtet. Dabei wird zur Vereinfachung immer von einem bevorstehenden Markteintritt in Südostasien ausgegangen und damit eine Betrachtung von bereits vorhandenen Altsystemen in der Region ausgeschlossen. Des weiteren wird die Art und Weise der Umsetzung der Lösungsansätze nicht betrachtet[116].

6.2. IT Lösungsansätze für klassische Versicherungsprodukte

In diesem Szenario entfallen die aus den Spezifika der Mikroversicherung resultierenden besonderen Anforderungen an eine Versicherungs-IT. Daher werden hierbei nur die regionalen Besonderheiten Südostasiens berücksichtigt.

Die daraus folgenden Anforderungen an eine Versicherungs-IT hängen maßgeblich vom Betriebsstandort und der zu versorgenden Region ab. So gibt es deutliche Unterschiede sowohl zwischen den einzelnen Ländern in Südostasien als auch zwischen den Ballungs- und ländlichen Gebieten[117].

Resultierend aus der in den Ballungsgebieten vorhandenen Infrastruktur ist es empfehlenswert, den Betrieb der Versicherungs-IT dort zu positionieren. Basierend auf den in Kapitel 4 durchgeführten Untersuchungen, gibt es in den Ballungsgebieten hinsichtlich der Art und Weise des IT-Betriebes keine signifikanten Unterschiede zu der Situation in Deutschland. Die vorhandenen Versicherungsanwendungen,

---

114 In dieser Rolle tritt das Versicherungsunternehmen als Risikoträger auf und übernimmt teilweise oder vollständig die Produktentwicklung. Der Vertrieb, die Bestandsverwaltung, Inkasso und Exkasso sowie die Leistungs- und Schadensbearbeitung erfolgt durch Kooperationspartner.

115 Das Versicherungsunternehmen übernimmt für die Mikroversicherungsverträge alle relevanten Prozesse. Einzige Ausnahme stellt unter Umständen eine Kooperation mit dem Ziel, Zugang zu den relevanten Zielgruppen zu erlangen dar.

116 So ist es beispielsweise denkbar die Realisierung durch die Übernahme einheimischer Versicherungsunternehmen durchzuführen. Eine mögliche Alternative ist der vollständige Neuaufbau der Versicherungs-IT oder die Nutzung vorhandener Ressourcen in anderen Ländern.

117 Vgl. Kap. 4

können hinsichtlich der grundlegenden Funktionalität genutzt werden. Allerdings sind Anwendungen, insbesondere hinsichtlich der Benutzerschnittstelle, an die sprachlichen, kulturellen und religiösen Besonderheiten des jeweiligen Landes anzupassen.

Basierend auf den im Kapitel 4 untersuchten Kennzahlen kann abgeleitet werden, dass in den Ballungsgebieten eine sehr hohe Durchdringung mit Mobiltelefonen und Internetzugängen existiert. In Verbindung mit der hohen Affinität in der Bevölkerung, hinsichtlich der Nutzung dieser Technologien, erscheinen darauf aufbauende Vertriebsstrategien als erfolgversprechend[118].

Die vorhandenen Versicherungsanwendungen sind an diese Vertriebsstrategien in geeigneter Form anzupassen. Hierfür empfehlen sich durchgehende Prozesse, welche die Vorteile des *"Ubiquitous Computing"*[119] Ansätze nutzen.

Ist es auf Grund der Zielgruppen des Versicherungsunternehmens notwendig, auch die ländlichen Gebieten mit zu versorgen, sind allerdings die dort vorliegenden speziellen Rahmenbedingungen zu berücksichtigen.

Dabei ist prinzipiell zu definieren, welche Form der IT-Dienstleistungen in den ländlichen Gebieten zu erbringen ist. Es muss davon ausgegangen werden, dass in Abhängigkeit der konkreten geographischen Lokation, die Verfügbarkeit von Kommunikationsverbindungen[120], die Qualität der Stromversorgung und der Zugriff auf fachkundiges IT-Personal nur schwach ausgeprägt ist.

Basierend auf den in Kapitel 4 untersuchten Kennzahlen erscheint es daher nicht empfehlenswert, einen IT-Standort in einem ländlichem Gebiet aufzubauen und zu betreiben. Vielmehr sollten bei Bedarf einfache, fehlerresistente und pflegeleichte IT-Lösungen in den ländlichen Gebieten platziert werden, welche auch mit gerin-

---

118 Vgl. Kap. 4

119 Im Rahmen des Buches soll unter *"Ubiquitous Computing"* die allgegenwärtige, selbstverständliche und nahezu unbemerkte Nutzung von Minicomputern im alltäglichen Leben verstanden werden. Vgl. GITR [2009], S. 27ff. und S. 37ff.

120 Dies betrifft sowohl die Verfügbarkeit von Festnetz- oder Mobiltelefonen sowie die Präsenz von Internet- oder Weitverkehrsnetzanschlüssen.

gen Netzwerkressourcen kommunizieren können. Beispiele hierfür sind *"Thin Client"* Technologien[121] in Verbindung mit Terminalserverlösungen[122].

Eine Alternative stellt der Einsatz von mobilen Systemen dar. Hierbei kann es sich sowohl um Standard Notebooksysteme als auch um spezialisierte PDA Systeme handeln. Eine weitere Alternative kann der Einsatz der im Kapitel 5 vorgestellten *"Point of Sale"* Terminals sein. Diese stellen eine vereinfachte Form der *"Thin Client"* Technologie dar und erlauben es dem Versicherungskunden, in einer einfachen Art und Weise mit dem Versicherungsunternehmen zu kommunizieren[123].

Allerdings werden für beide Alternativen ebenfalls Kommunikationsverbindungen benötigt. Sollten in den mit IT-Dienstleistungen zu versorgenden Regionen keine qualitativ geeigneten Kommunikationsverbindungen verfügbar oder wirtschaftlich vertretbar sein, muss unter Umständen auf das Medium Papier ausgewichen werden.

Da dieses im weiteren Arbeitsablauf zur Gewährleistung einer entsprechenden Effizienz und Produktivität wieder in eine elektronische Form umgewandelt werden muss, empfiehlt es sich, zur Unterstützung und Fehlervermeidung mit geeigneten Formularen zu arbeiten. Auf diese Weise können beispielsweise, die Ergebnisse automatischer Scanvorgänge[124] mit geeignetem Formulardesign und aufgedrucktem Barcode verbessert werden.

---

121 Im Rahmen dieses Buches sollen unter "Thin Clients" Computersysteme verstanden werden, welche auf die grundsätzlichen Ein- und Ausgabe Funktionen reduziert sind und die Programmverarbeitung maßgeblich an ein über ein Netzwerk angebundenes zentrales System abgeben. Im Unterschied zu einem Terminal verfügen "Thin Clients" aber über ein eigenes Betriebssystem und rudimentäre Anwendungen (bspw. Webbrowser).

122 Terminalserverlösungen stellen einen zentralen Punkt zur Verfügung auf denen Anwendungen ausgeführt werden. Den mit dem Terminalserver über ein Netzwerk verbundenen Computersystemen (bspw. Thin Clients) werden lediglich die Ausgaben der Anwendung übermittelt, während die an den Computersystemen getätigten Eingaben vom Terminalserver an die Anwendung übergeben werden.

123 Denkbar sind hier zum Beispiel Schadensmeldungen, Adressänderungen oder die Anforderung eines Vertriebsmitarbeiters. Prinzipiell ist hierfür jedoch die Problematik der Identifikation und Authentifikation der Versicherungskunden sicherzustellen.

124 Durch das punkt- und zeilenweise Abtasten können gedruckte oder handschriftlich geschriebene Zeichen erkannt und in für einen Computer verständlichen Code (bspw. ASCII Code) umgewandelt werden.

Die vorhandenen Versicherungsanwendungen müssen bei einem Einsatz in ländlichen Gebieten an die Qualität der dort vorhandenen Kommunikationsverbindungen angepasst werden. Dies umfasst sowohl das zeitliche Verhalten als auch die Menge der übertragenen Daten sowie die Häufigkeit der Kommunikation.

6.3.Lösungsansätze für die Mikroversicherung

Im Rahmen dieses Szenarios werden maßgeblich, die aus den Spezifika der Mikroversicherung resultierenden Anforderungen an eine Versicherungs-IT betrachtet. Die Zielgruppe in der Mikroversicherung sind einkommensschwache Bevölkerungsschichten. Diese sind sowohl in den Ballungs- als auch in den ländlichen Gebieten zu finden. In Abhängigkeit, der vom Versicherungsunternehmen gewählten Kooperationspartner und der beim Unternehmen verbleibenden Arbeitsabläufe, folgt daraus die Anforderung an eine Versicherungs-IT sich mit der Problematik der ländlichen Gebiete, in Kombination mit Besonderheiten der Mikroversicherung, auseinanderzusetzen.

Aus diesem Grund, werden die daraus folgenden regionalen Anforderungen innerhalb dieses Szenarios in eingeschränkter Form zusätzlich betrachtet. Diese Betrachtung wird auf die speziellen, aus der Mikroversicherung resultierenden Einsatzgebiete der Versicherungs-IT fokussiert. Für eine allgemeinere Betrachtung der Thematik "Versicherung-IT in den ländlichen Gebieten Südostasiens" wird auf Abschnitt 6.1 verwiesen.

Die aus den Spezifika der Geschäftsprozessen der Mikroversicherung folgenden Anforderungen an eine Versicherungs-IT fokussieren sich auf die besonderen Merkmale der *Kundenschnittstelle* und deren Auswirkungen auf die *Transaktionsverarbeitung* sowie die *Datenanalyse*[125].

Transaktionsverarbeitung

Die *Transaktionsverarbeitung* stellt hierbei die Kernkomponenten einer Versicherungs-IT zur Verfügung. Da ohne diese Kernkomponenten ein effektiver Versicherungsbetrieb nicht möglich ist, hat im Rahmen des Aufbaus einer Versicherungs-IT die *Transaktionsverarbeitung* die oberste Priorität. Dabei ist zu prüfen, in welcher

---

125 Vgl. Kap. 5

Form die vorhandenen Versicherungsanwendungen hinsichtlich der damit realisierten Funktionalitäten genutzt werden können.

In diesem Zusammenhang, sind die besonderen Aspekte bei den Prämienzahlungen zu berücksichtigen. Da ein Bankkonto innerhalb der einkommensschwachen Bevölkerungsschichten nicht zwangsläufig vorausgesetzt werden kann, müssen die Inkassoverfahren und damit auch die daran beteiligten Versicherungsanwendungen dahingehend angepasst werden. Bedingt durch die Prämienhöhe und die Art und Weise der Prämienzahlungen, sind durch die Anwendungen Mikrozahlungen zu unterstützen. Abhängig von der Art und Weise der Prämiensammlung sind die geeigneten Schnittstellen zur *Kundenschnittstelle* zu realisieren.

Zusätzlich ist zu beachten, dass die Prämien nicht zwangsläufig in einen einheitlichen Rhythmus eingehen müssen. Dieses resultiert aus den Besonderheiten eines Beschäftigungsverhältnisses in der informellen Ökonomie. Derartige Beschäftigungsverhältnisse sind, insbesondere in den einkommensschwachen Bevölkerungsschichten, weit verbreitet.

Weitere notwendige Anpassungen der vorhandenen Versicherungsanwendungen folgen aus den auf die Mikroversicherung zugeschnittenen Arbeitsabläufen des Versicherungsunternehmen. Hieraus können beispielsweise für die Leistungs- und Schadensbearbeitung, besondere Anforderungen hinsichtlich der Verlagerung der Risikoprüfung in diesen Arbeitsablauf sowie eine hohe Flexibilität bezüglich der eingereichten Bescheinigungen und Dokumente resultieren. In diesem Zusammenhang sind auch die Exkasso-Verfahren an die Besonderheiten der einkommensschwachen Bevölkerung anzupassen[126].

Prinzipiell kann davon ausgegangen werden, dass die vorhandenen Versicherungsanwendungen der *Transaktionsverarbeitung* auch für die Arbeitsabläufe der Mikroversicherung eingesetzt werden können. In Abhängigkeit, der unter Umständen an einen Kooperationspartner ausgelagerten Prozesse, kann jedoch die Notwendigkeit von Anpassungen der Anwendungen nicht ausgeschlossen werden. In diesem Zusammenhang sind die aus dem Betrieb der Transaktionsverarbeitung folgenden Kosten hinsichtlich der aus der Mikroversicherung resultierenden Prämieneinnahmen zu bewerten.

---

126 Ähnlich zu den Inkasso-Verfahren ist hier die Möglichkeit von Barauszahlungen vorzusehen.

Kundenschnittstelle

Die Unterstützung der *Kundenschnittstelle* durch die Versicherungs-IT hat nach der *Transaktionsverarbeitung* eine mittlere Priorität. Hierbei ist, zwischen den Ballungs- und ländlichen Gebieten zu unterscheiden. Diese unterscheiden sich aus Sicht der *Kundenschnittstelle*, maßgeblich durch die vorhandenen Kommunikationsverbindungen. Sollen sowohl Ballungs- als auch ländliche Gebiete mit einheitlichen IT-Lösungen versorgt werden, definieren die ländlichen Gebiete die minimal vorhandenen infrastrukturellen Voraussetzungen. In einer solchen Konstellation ist es empfehlenswert Lösungen einzusetzen, welche keine permanente Kommunikation mit zentralen IT-Systemen benötigt.

Daher empfiehlt sich beispielsweise für die Identifikation und Authentifikation, der Einsatz von Smartcards. Diese verwalten die notwendigen Informationen auf der Karte der Versicherungskunden. Eine Kommunikation mit zentralen IT-Systemen ist für die Identifikation und Authentifikation nicht erforderlich. In diesem Zusammenhang ist auch eine Kopplung, mit den für eine Mikrozahlung notwendigen Prozessen möglich. So kann eine solche Zahlung sowohl auf dem Endgerät des Vertriebsmitarbeiters als auch auf der Smartcard protokolliert werden. Auf diese Weise können Missbrauchs- und Betrugsrisiken reduziert werden. In Verbindung mit einem "*Point-of-Sale*"-Terminal erhält der Versicherungskunde zusätzlich die Möglichkeit, sich seine bereits gezahlten Beiträge selbstständig anzeigen oder ausdrucken zu lassen.

Die im Vertrieb eingesetzten Versicherungsanwendungen müssen nicht nur über eine automatisierte Schnittstelle zur *Transaktionsverarbeitung* verfügen, sondern ebenso die Besonderheiten einer nur sporadisch verfügbaren und unter Umständen qualitativ schlechten Kommunikationsverbindung berücksichtigen. Dies bedingt, neben einer sicheren lokalen Speicherung von Daten und einer autonomen Teilverarbeitung dieser Daten, auch die Berücksichtigung von Kommunikationsabbrüchen oder Datenverlusten während einer Übertragung.

Wird die *Kundenschnittstelle* durch einen Kooperationspartner realisiert, sind geeignete Schnittstellen zur IT-Infrastruktur des Partners umzusetzen. Dies bedingt neben der technischen Kopplung, auch die Vereinbarung von Datenformaten[127]. In

---

127 Vgl. TFM [2009], S. 23

diesem Zusammenhang ist eine zentrale und gemeinsame Datenhaltung empfehlenswert. Hierbei sind allerdings die damit verbundenen juristischen und wirtschaftlichen Rahmenbedingungen, im Vorfeld zu definieren.

Sollte eine IT-Unterstützung der *Kundenschnittstelle* nicht möglich sein, muss der dann notwendige Umgang mit dem Medium Papier in geeigneter Form durch die Versicherungs-IT unterstützt werden. In diesem Zusammenhang wird auf die in Abschnitt 6.1 vorgestellten Maßnahmen verwiesen.

Datenanalyse

Die *Datenanalyse* weist die niedrigste Priorität auf und sollte realisiert werden, wenn die aus der *Transaktionsverarbeitung* und der *Kundenschnittstelle* resultierenden Anforderungen in einer angemessenen Art und Weise erfüllt sind. Da es sich hierbei um nachgelagerte Prozesse handelt, wird die Art und Weise der Unterstützung der Datenanalyse durch die Versicherungs-IT in hohem Maß von den in der *Transaktionsverarbeitung* und der *Kundenschnittstelle* realisierten Arbeitsabläufen geprägt.

Es ist davon auszugehen, dass der maßgebliche Anteil der *Datenanalyse* zentral erfolgt. Dennoch kann nicht ausgeschlossen werden, dass dezentrale Analysen für Vertriebsmitarbeiter oder Kooperationspartner notwendig sind. In diesem Fall sind die bereits beschriebenen Einschränkungen der Anwendungen, Datenhaltung und Kommunikation zu berücksichtigen.

Die in einem Versicherungsunternehmen vorhandenen Anwendungen zur *Datenanalyse* müssen um die spezifischen, für Mikroversicherung relevanten Analysen ergänzt werden. In diesem Zusammenhang kann es notwendig sein, mit einer Vielzahl von anderen Marktteilnehmern zu kooperieren, um eine für alle Beteiligten relevante Datenbasis zu erzeugen[128].

---

128 Vgl. TFM [2009], S. 24

6.4.Zusammenfassung

Für alle, der in Abschnitt 6.1 definierten Szenarien, können die besonderen Anforderungen durch die Verwendung geeigneter IT-Verfahren umgesetzt werden. Eine kritische Rahmenbedingung ist dabei die notwendige Kommunikation zwischen zentralen und dezentralen IT-Komponenten. In Abhängigkeit der konkreten Ausprägung der vorhandenen Kommunikationsinfrastruktur, muss gegebenenfalls teilweise auf das Medium Papier ausgewichen werden. In diesem Fall ist eine Fokussierung auf die Transformation der darin enthaltenen Information in digitale Daten und deren Übertragung in die IT-Systeme empfehlenswert.

Vollkommenheit entsteht offensichtlich nicht dann, wenn man nichts mehr hinzuzufügen hat, sondern wenn man nichts mehr wegnehmen kann.

(Antoine de Saint-Exupéry, 1900-1944)

7. Fazit

Im Rahmen des vorliegenden Buches wurde untersucht, ob an eine Versicherungs-IT in Südostasien besondere Anforderungen gestellt werden. Als mögliche Ursachen für diese speziellen Anforderungen wurden sowohl regionale Faktoren als auch durch die Geschäftsprozesse bedingte Faktoren untersucht.

Die Untersuchung der regionalen Faktoren fokussierte sich auf die für den Aufbau und Betrieb einer Versicherungs-IT notwendige Infrastruktur. Es erfolgte eine Vergleich der Situation der ASEAN5 Staaten mit Deutschland. Die Untersuchungsergebnisse waren sehr heterogen und zeigten, dass die Situation in den ASEAN5 differenziert bewertet werden muss.

Die im Buch aufgestellte These 1, welche besagt, dass durch die regionalen Besonderheiten Südostasiens besondere Anforderungen an eine Versicherungs-IT gestellt werden, konnte in dieser ursprünglichen Form nicht bestätigt werden. Vielmehr musste diese These modifiziert und ergänzt werden.

Obwohl die meisten der verglichenen Kennzahlen teilweise deutliche infrastrukturelle Unterschiede zwischen Deutschland und den ASEAN5 bestätigten, gab es dennoch markante Hinweise auf eine unterschiedliche Situation in den Ballungs- und ländlichen Gebieten. Der weiterführende Vergleich der vorhandenen Infrastruktur in den Ballungs- und ländlichen Gebieten belegte die vermuteten signifi-kanten Differenzen.

Im Ergebnis kann festgestellt werden, dass es bezogen auf den Aufbau und den Be-trieb einer Versicherungs-IT in den Ballungsgebieten der ASEAN5 keine nennens-werten infrastrukturellen Unterschiede zu Deutschland gibt. Dies bedeutet, wird eine Versicherungs-IT in diesen Ballungsgebieten aufgebaut oder betrieben sind keine besonderen, von Deutschland abweichenden, Anforderungen zu erfüllen. Es können die aus Deutschland bekannten IT-Verfahren und Lösungen genutzt wer-den.

Eine andere Situation zeigt sich, wenn neben den Ballungsgebieten auch ländliche Regionen durch die Versicherungs-IT zu versorgen sind. Hierbei werden eine Reihe von besonderen Anforderungen an die IT-Infrastruktur gestellt. Maßgeblich ist da-bei die Bereitstellung geeigneter Kommunikationsverbindungen zu nennen. In die-sem Zusammenhang sind die Auswirkungen der eingeschränkten Kommunikations-infrastruktur auf den Vertriebsprozess, die Leistungs- und Schadensbearbeitung sowie die Inkasso- und Exkasso Prozesse zu berücksichtigen.

Die Betrachtung der aus den Geschäftsprozessen in Südostasien resultierenden be-sonderen Anforderungen wurde auf die Geschäftsprozesse der Mikroversicherung beschränkt. Dabei wurden insbesondere die von der klassischen Versicherung ab-weichenden IT-Anforderungen bewertet.

In These 2 wurde vermutet, dass resultierend aus den Arbeitsabläufen der Mikro-versicherung spezielle Anforderungen an eine Versicherungs-IT gestellt werden. Dieses wurde im Ergebnis der durchgeführten Untersuchungen bestätigt. Dabei fo-kussieren sich diese besonderen Anforderungen auf die Schnittstelle zum Kunden. Insbesondere die Unterstützung von Mikrozahlungen und die damit verbundene Identifikation und Authentifikation der Versicherungskunden erfordern spezielle IT-Verfahren.

Als Ergebnis der Untersuchungen folgt, dass aus dem Geschäftsfeld Mikroversiche-rung besondere Anforderungen an eine Versicherungs-IT resultieren. In Abhängig-keit der Anzahl der Versicherungskunden in diesem Geschäftsfeld können diese Anforderungen bis zu einem bestimmten Punkt mit in der klassischen Versicherung verwendeten herkömmlichen IT-Verfahren und Lösungen erfüllt werden. Wird eine kritische Anzahl der Versicherungskunden überschritten, sind spezielle auf die Mikroversicherung zugeschnittene IT-Verfahren und Lösungen notwendig. Die Definition der kritischen Anzahl an Versicherungskunden hängt dabei maßgeblich von der Rolle der Versicherungsunternehmens in der Wertschöpfungskette sowie den gegebenenfalls vorhandenen Kooperationsbeziehungen ab.

Eine besondere Herausforderung stellt in diesem Kontext der Vertrieb von Mikroversicherungen in ländlichen Regionen dar. Hierbei sind die aus beiden Thesen resultierenden Erkenntnisse zu verschmelzen und gemeinschaftlich umzusetzen. Im Unterschied hierzu resultieren aus dem Vertrieb von klassischen Versicherungsprodukten in den Ballungsgebieten Südostasien keine besonderen Anforderungen für die Versicherungs-IT eines Versicherungsunternehmens.

Literaturverzeichnis

ASEAN[2009]: http://www.aseansec.org/64.htm, Zugriff 08. September 2009,

CIA[2009]: The 2008 World Factbook, Central Intelligence Agency, Langley, USA, https://www.cia.gov/library/publications/the-world-factbook/, Zugriff 17. Mai 2009,

EHRHARDT[2002]: Ehrhard, M., Banken im Electronic Commerce - eine Neudefinition?, in: KETTSTROB[2002]

FARNY[2000]: Farny, D., Versicherungsbetriebslehre, 3. Überarbeitete Auflage, Karlsruhe

GCR[2008]: The Global Competitiveness Report 2008-2009, World Economic Forum, http://www.weforum.org/documents/gcr0809/index.html, Zugriff 24. Mai 2009,

GITR[2009]: The Global Information Technology Report 2008-2009, World Economic Forum, http://www.insead.edu/v1/gitr/wef/main/fullreport/index.html, Zugriff 17. Juli 2009,

HANNEU[2005]: Hansen, H. R., Neumann, G., Wirtschaftsinformatik - Grundlagen und Anwendungen, 9. Auflage, Stuttgart

HARTMANN[2002]: Hartmann, M., E., ePayment-Trends - Sieben Thesen zur Zukunft des Geldes, in: KETTSTROB[2002]

KETTSTROB[2002]: Ketterer, K. H., Stroborn, K. (Hrsg.), Handbuch ePayment, 1. Auflage, Köln

KOCH[2006]: Prof. Koch, Versicherungsinformatik - Eine versicherungswissenschaftliche Fachdisziplin, in: Zeitschrift für die gesamte Versicherungswissenschaft, Supplement Jahrestagung 2006, S. 359-372,

MCMF[2008]: Communications and Multimedia Selected Facts & Figures Q4 2008, Malaysian Communication and Multimedia Commission,

MRE[2006]: Churchill, C. (Editor), Protecting the poor - A microinsurance compendium, 1. Auflage, München,

NOLDE[2002]: Nolde, V., Grundlegende Aspekte biometrischer Verfahren, in: NOLDLEG[2002]

NOLDLEG[2002]: Nolde, V., Leger, L. (Hrsg.), Biometrische Verfahren, 1. Auflage, Köln

PIL[2008]: Pilny, K., Tiger auf dem Sprung, 1. Auflage, Frankfurt

PRAHALAD[2005]: Prahalad, C. K., The fortune at the bottom of pyramid: Eradicating poverty through profits, Wharton school Publishing, New Jersey

RIC[2009]: Richter, P. P., Der malaysische Versicherungsmarkt und seine Attraktivität für ausländische Versicherer, Bachelorarbeit, University of Applied Science Coburg

SWISSRE[2009]: Versicherungswirtschaft weltweit: Prämien und Kapitalausstattung rückläufig, in: Swiss RE Sigma 3/2009, Schweizerische Rückversicherungs-Gesellschaft AG, Zürich,

TFM[2008]: Gerelle, E., Berende, M., Technology for microinsurance scoping study, in: Microinsurance Paper No. 2, Geneva,

TII[2005]: Thailand ICT Indicators 2005, Ministry of science and technology, Bangkok,

VORL[2009]: Vorlaufer, K., Südostasien, 1. Auflage, Darmstadt

WEF[2009]:http://www.weforum.org/en/about/Our%20Organization/index.htm, Zugriff 08. September 2009,